そのまま使って
拍手喝采！

ビジネスのスピーチと挨拶

小学館編

目次

ビジネスのスピーチと挨拶

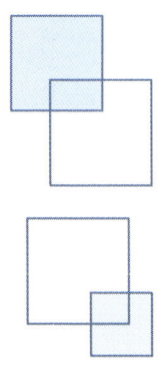

第3章　会社イベントのスピーチ……63

第4章　会社行事・会合のスピーチ

第6章 慶事・弔事のスピーチ 151

本書で使われているマーク・記号の意味

ここがポイント　立場、状況に応じて、スピーチに盛り込みたい内容を、文例ごとに示しています。

バリエーション　文例中の囲んだ部分を、別の状況や立場に応用していいかえる場合の文例です。

ここをチェック！　スピーチの中で特に注目したいフレーズのねらいや、注意したい点を解説しています。

マナー　スピーチの内容、言葉づかい、態度など、守りたいマナーを解説しています。

ヒント　話題や来賓へのもてなしを考える際に、ヒントになるものを紹介しています。

メモ　祝事や催しなどに関連した役立つ知識や、考え方などを紹介しています。

タブー　挨拶やスピーチで、話してはいけない事柄について説明しています。

第1章

出だし・結びの言葉フレーズ集

スピーチは、出だし、主題、結びの三段階で
構成すると、きれいにまとまります。
出だし・結びの言葉には決まり文句があり、
目的や場面に合う言葉を組み合わせると、
あまり緊張せずに、落ち着いて挨拶できます。

ビジネススピーチの組み立て方

スピーチは、どのような場所で、どんな目的、どんな立場で、どのような人々を相手に話すのかをわきまえて組み立てることが重要です

スピーチを組み立てる方向が決まったら、原稿を作成してみましょう。

全体を三段階で構成

スピーチ原稿は、目的にそって話を組み立てていきます。話芸の名手ならどのように始めても見事にまとまるでしょうが、スピーチに慣れていない人は、次のような三段階で構成すると、まとめやすいでしょう。

1 出だしの言葉

改まった席のスピーチでは、祝辞や謝辞、自己紹介など、出だしの挨拶にはその場面に合った決まり文句があり、それを使うと聞き手にも安心感を与えます。ここは気持ちを込めながら簡潔に述べて、すぐ本題へ入ります。

2 主題とその展開

「振り返ると…」「ご存じのように」と、過去の経緯や現況に言及するのは自然な流れですが、特に聞き手の興味を引くインパクトのある話題から入るのも効果的です。

例えば、「私には忘れられないショッキングな事件があります」「今年の○○業界の三大ニュースは何かご存じでしょうか」のように切りだして、主題へと話をもっていくのもいいでしょう。

続けて、祝賀会なら業績や努力を称《たた》えて今後を期待し、社内行事では労をねぎらい士気を鼓舞《こぶ》するといったように、場面場面に合った事例をあげながら主題を展開します。いずれも、その席にふさわしいエピソードを紹介すると話がふくらみます。

ただし、テーマは、散漫にならないように一つにしぼるほうが、印象が強まります。

3 結びの言葉

冒頭の挨拶に対応した決まり文句があるので、上手に組み合わせると、全体がきれいにまとまります。

当事者は決意と支援へのお願いを、招かれた側は励《はげ》ましと期待を述べて、祝意や謝辞で締《し》めます。

スピーチの組み立て方

主催者側の挨拶

出だし

- 列席者へのお礼
  何の集まりかを告げて、お礼を述べる。
- 自己紹介（必要に応じて）
  自分の立場や名を名乗る。
- 祝辞へのお礼（祝事の場合）
  祝辞を受けた場合述べる。

主題とその展開

- 主題を決めて話す
  集まりの目的を述べ、感謝の気持ちを表す。
- 主題を展開する
  過去の経緯やエピソードを披露《ひろう》し、考えや感想を述べる。

結び

- 今後の決意や抱負の表明
- 支援や交誼《こうぎ》のお願い
- 列席者の健康や、繁栄を祈る
- お礼の言葉で締める

招かれる側の挨拶

出だし

- お祝いの言葉
- 招待へのお礼
  自分が当事者の場合は、祝福へのお礼を述べる。
- 自己紹介（必要に応じて）
  自分の立場や名前、主催者との関係など述べる。

主題とその展開

- 主題を決めて話す
  相手の長所を称えたり、感謝の気持ちを表す。
- 主題を展開する
  過去の経緯やエピソードを披露し、感想を述べる。

結び

- 励ましと期待の言葉
  自分が当事者の場合は、今後の抱負など述べる。
- 幸せや繁栄を祈る
- 祝意やお礼を繰り返す

出だし ◀ **主題とその展開** ◀ **結び**

出だし

この度は、○○会社の設立、おめでとうございます。私は、◎◎社長とは以前からお取引いただいている△△社の□□と申します。本日はお招きいただき、まことに光栄に存じます。

主題とその展開

申し上げるまでもなく、○○会社は、この地域の基幹産業である◇◇の新しい担《にな》い手として、大きな期待をもって迎《むか》えられております。

◎◎社長は、長年勤められた××社から独立され、独自の技法に基づいて、全く新しい商品の開発を手がけておられると聞いております。◎◎社長とは、もう一〇年来のお付き合いがありますが、そのユニークな発想と疲れを知らぬバイタリティーには、ただただ敬服するばかりです。今でも忘れられない思い出があります…（以下略）

参加される社員も、優秀な技術者揃《ぞろ》いと伺《うかが》っております。この困難な時代に正面から挑戦される勇気と皆さんの団結心に、心からの称賛と声援の言葉を贈ります。

結び

○○会社の設立を心から喜び、御社《おんしゃ》のご成功とご発展をお祈り申し上げて、お祝いのご挨拶《あいさつ》とさせていただきます。本日はまことにおめでとうございます。

ここを決めたい！

創立記念式典のスピーチ…出だしと結び

記念式典では、改まった節度のある挨拶が求められます。主催者側は列席者へのお礼と支援のお願いを、来賓側は祝辞と招待されたお礼、今後の発展や励《はげ》ましの言葉を忘れずに。

主催者側の挨拶（社長）

出だしの言葉

◆本日はご多忙のところ、私ども○○会社の創立□□周年記念式典にご来駕《らいが》賜《たまわ》り、まことにありがとうございます。思い起こせば……

◆本日は、当社の創立記念式典に、ご多用中にもかかわらずご出席いただき、厚くお礼申し上げます。創立□□周年にあたり、一言、ご挨拶《あいさつ》を述べさせていただきます。顧みますと……

◆本日は、私ども○○株式会社の創業□□周年の記念式典にあたり、かくも大勢の皆様にご臨席を賜り、まことに感謝にたえません。早いもので……

幹事の挨拶（記念パーティーへの案内）

▼本日は、○○社□□周年記念式典にご列席賜りましてありがとうございました。多くの方からお祝いや励ましのお言葉をいただき、……

なお、ささやかではございますが、別室にパーティーの準備が整っております。そちらへ席をお移りいただき、お時間の許す限りごゆるりとご歓談ください。

結びの言葉

◆今日の□□周年を節目《ふしめ》に、創業当時の初心に立ちかえり、また新しい挑戦をしてまいる所存でございます。今後とも、皆様方の変わらぬご指導とご鞭撻《べんたつ》を、よろしくお願い申し上げます。本日はありがとうございました。

◆本日を、次の一○年を目指す新たなスタートの日として心を引き締め、情熱をもって大きな課題に取り組んでいく覚悟でございます。皆様には、今までに変わらぬご指導をよろしくお願い申し上げます。

最後に、皆様方のご健勝《けんしょう》と、ますますのご発展をお祈り申し上げて、私の挨拶といたします。ありがとうございました。

◆本日は、ご多忙のところ、多くの方々にお越しいただき、まことにありがとうございました。これからも、皆様方の心強いご支援をお願いいたしまして、お礼の挨拶とさせていただきます。

来賓の祝辞

出だしの言葉

◆本日は、創業□□周年、まことにおめでとうございます。このような盛大なお祝いの席にお招きいただき、大変光栄でございます。

◆創立□□周年、まことにおめでとうございます。ただ今ご紹介にあずかりました◇◇社の△△でございます。関係各社を代表いたしまして、一言ご挨拶《あいさつ》を述べさせていただきます。

◆ただ今ご紹介にあずかりました◇◇会社の△△でございます。ご指名でございますので、僭越《せんえつ》ではございますが、一言、お祝いのご挨拶を申し上げます。
　本日は、このようなすばらしいお祝いの席にお招きいただきまして、まことに光栄に存じます。ここに○○社が創立□□周年を迎《むか》えられましたことを、心よりお喜び申し上げます。

◆この度は、御社《おんしゃ》創立□□周年を迎えられましたこと、まことにおめでとうございます。心よりお喜び申し上げます。式典にお招きいただきましたうえに、祝辞を申し述べる機会までいただき、非常に光栄に存じます。

結びの言葉

◆今後とも、御社のいっそうの繁栄をお祈りして、お祝いの言葉とさせていただきます。

◆この□□周年を契機にして、ますますご発展を遂げられますようお祈り申し上げます。

◆どうか、この□□周年を新たなスタートとして、さらなるご発展をしていただくようお願いいたしまして、私のお祝いの言葉とさせていただきます。本日は、おめでたい席にお招きいただきまして、まことにありがとうございました。

◆「創業は易《やす》く、守成は難《かた》し」という言葉がございます。これからの一○年がまさに御社の正念場であるかと存じます。この困難な時代を、今の勢いをもって乗り越えられますよう、お祈り申し上げます。

ここを決めたい！

開店・開業祝いのスピーチ…出だしと結び

主催者側は、列席者への謝辞で始め、今後の決意を述べ、支援をお願いして結びます。来賓側は、主催者側と喜びをともにし、繁栄を祈り、応援することを約束しましょう。

主催者側の挨拶（社長・店長）

出だしの言葉

◆本日はご多忙中にもかかわらず、○○会社の設立式典にご臨席賜《たまわ》りまして、まことにありがとうございます。私は代表取締役の△△と申します。

◆本日はお忙しい中を、私どもの会社設立祝賀会にご出席いただき、心からお礼申し上げます。お陰様をもちまして、長年の宿願でありました開業の日を迎《むか》えることができました。これも偏《ひとえ》に、皆様方のご支援の賜《たまもの》と深く感謝申し上げます

◆ご列席の皆様には、○○事務所の設立をお祝いいただき、ありがとうございます。こうして今日という日を迎えることができましたのも、皆様方のご協力のお陰と深く感謝いたします。

◆皆様、本日はお忙しい中、○○店の開店披露《ひろう》パーティーにお集まりいただき、まことにありがとうございます。私は、当店の店長を務《つと》めさせていただきます沢田と申します。よろしくお願いいたします。

結びの言葉

◆皆様には、どうか末永く、ご愛顧《あいこ》、ご引き立て賜りますよう、よろしくお願い申し上げます。

◆どうか、今後とも温かいご指導、ご支援をお願いいたします。本日はありがとうございました。

◆皆様方のご期待にそえるように精一杯努力してまいりますので、今後ともお力をお貸しくださるようお願い申し上げて、私のご挨拶《あいさつ》とさせていただきます。

◆なにせ、誕生したばかりの会社でございます。希望に満ちた船出ではございますが、厳しい荒波も待ちかまえていると覚悟しております。社員一同、気概《きがい》をもって挑戦することをお約束しまして、簡単ではございますが、挨拶とさせていただきます。

◆さらに精進を重ねてまいりますので、今後ともご贔《ひい》屓《き》のほどよろしくお願いいたします。それでは、当店自慢の□□を味わいながら、どうかゆっくりとご歓談ください。

来賓の祝辞（取引先関係者）

出だしの言葉

◆本日はおめでとうございます。○○社の設立を心より祝福し、一言ご挨拶《あいさつ》申し上げます。

◆ただ今ご紹介にあずかりました◇◇社の△△でございます。本日は○○社さんのご開業、まことにおめでとうございます。

◆本日は、○○会社設立、まことにおめでとうございます。このような晴れがましい場に列席させていただき、大変光栄でございます。

◆この度は、○○会社の設立、おめでとうございます。私は、以前から□□社長とお取引いただいている◇◇社の△△と申します。僭越《せんえつ》ではございますが、ご指名でございますので、一言お祝いの挨拶を述べさせていただきます。

◆本日は○○店の開店、おめでとうございます。同じ商店街に商《あきな》いを営む仲間として、まことに喜ばしく、歓迎のご挨拶を申し上げます。

◆○○さん、本日はおめでとう。ようやく夢が叶《かな》いましたね。今日までのご努力に心から敬意を表します。私もわがことのようにうれしく、感無量です。

結びの言葉

◆○○社のご発展、ご繁栄を心よりお祈り申し上げ、お祝いの挨拶とさせていただきます。

◆○○社の設立を心から喜び、声援の拍手をお贈りいたしますとともに、御社《おんしゃ》のご成功とご発展をお祈り申し上げて、お祝いの挨拶とさせていただきます。本日はまことにおめでとうございます。

◆最後に、○○社のご繁栄を祈念《きねん》いたすとともに、ここにお集まりの皆様に私からもご支援をお願いしまして、挨拶に代えさせていただきます。

◆○○店のご繁栄がこの地域全体の活性化につながるものと確信しております。心から歓迎の言葉を申し上げ、末永いお付き合いをお願いして、祝辞に代えさせていただきます。

◆ご店主のご健康と○○店のご繁栄を心よりお祝い申し上げて、私のご挨拶とさせていただきます。本日はまことにおめでとうございます。

◆私ども、○○事務所を末永く応援していくことをお約束し、△△さんのご活躍を見守りたいと思います。それでは、新たな夢に向かってレッツゴー！

ここを決めたい！

歓送迎会のスピーチ…出だしと結び

堅苦しくならず、やわらかい雰囲気《ふんいき》の挨拶を心がけます。特に送別会は、それぞれ事情も違いますが、しめっぽくならないように、明るい口調で臨むようにしましょう。

歓迎の挨拶

出だしの言葉

◆〇〇さん（新入社員の皆さん）、わが営業部へようこそ。私は、部長の木村です。営業部を代表して歓迎の挨拶《あいさつ》をさせていただきます。

◆わが社に力強い仲間が加わりました。（△△支社より）〇年入社組の逸材《いつざい》と評判の〇〇さんをこの営業部に迎《むか》えることができ、うれしい限りです。

◆この度は営業課長へのご昇進おめでとうございます。課員を代表いたしまして、お祝い申し上げます。

結びの言葉

◆分からないことがあったら、何でも聞いてください。同じ営業部の仲間として苦楽をともにしていきましょう。皆さんの明日からの健闘を期待しています。

◆〇〇さんの参加で、新しい風が吹くことは間違いなく、胸が躍る思いです。私たちもレベルアップに努めますので、遠慮のない苦言、助言をお願いします。

◆課長のリーダーシップのもと、われわれ一丸《いちがん》となって頑張ります。叱咤激励《しったげきれい》のお声をお待ちします。

歓迎への謝辞

出だしの言葉

◆営業部に配属されました〇〇です。本日はこのような立派な席を設けていただきありがとうございます。

◆今日は、こんなに多くの皆さんにお集まりいただき、柄《がら》にもなく緊張し、感激しております。

◆本日は、このような盛大な会を開いていただき、ありがとうございます。また、身に余るお言葉までいただき、恐縮しております。

結びの言葉

◆早く先輩方と同じようにできる仕事のプロになりたいと思います。ご指導のほどよろしくお願いします。

◆今は、すばらしい仲間と一緒に仕事ができる喜びで、胸がいっぱいです。ありがとうございました。

◆先に申し上げた目標に向かって、ベストを尽《つ》くしてまいります。皆さんにはこれまで以上のご協力をお願いして、お礼の挨拶とさせていただきます。

送別会の挨拶

出だしの言葉

◆○○さんのご栄転にあたり、一言ご挨拶《あいさつ》申し上げます。○○さん、おめでとうございます。

◆○○課長、この度の本社へのご栄転、おめでとうございます。私たちにとっても二重の喜びです。

◆この度、独立して◇◇業を始められると聞いて驚いております。さすが多彩《たさい》な才能に恵まれた○○さんらしい転身ですね。新たな出発を祝福申し上げます。

◆○○さんの定年退職にあたり、販売部員を代表しまして、送別のご挨拶を申し上げます。○○さん、本当に長い間ご苦労様でした。

結びの言葉

◆転任先でのご奮闘を期待しております。そしてまた、いつか一緒に仕事ができる日を楽しみにしています。

◆○○課長にたたき込まれた教えを忘れずに、一同、頑張ってまいります。どうか、健康にだけは気をつけてご活躍くださるようお祈り申し上げます。

◆新しい職場では何かと苦労も絶えないでしょうが、応援しますので、いつでも声をかけてください。

◆退職後のプランも準備完了と伺《うかが》っております。これからの人生を大いに楽しんでください。そして、いつまでもお元気でご活躍されますように。

送別会の謝辞

◆本日は、私のためにこのような盛大な送別会を催《もよお》していただき、ありがとうございます。

◆この度、家業を継ぐために（一身上の都合により）、退職することになりました。入社以来○年になりますが、いろいろなことが思い出され、感無量です。

◆本日は、私のためにお忙しい中をお集まりいただき、また心温まるお言葉を頂戴《ちょうだい》し、ありがとうございます。今は□□年を勤め上げた幸せを感じております。

◆任地は遠方ですが、この先機会がありましたら、またお会いしてお話ししましょう。では諸君のご健康とご活躍を願って、私のお礼の挨拶といたします。

◆近くへお出での際は、ぜひお立ち寄りください。本日は、本当にありがとうございました。

◆在職□□年を大過なく過ごせたのは、皆様のお陰だと思っております。長い間ありがとうございました。皆様のご活躍と会社のいっそうの発展を祈ります。

ここを決めたい！

製品発表・展示会のスピーチ…出だしと結び

主催者側は、まず顧客《こきゃく》や取引業者に来場へのお礼と展示製品への案内を述べ、今後のご愛顧《あいこ》をお願いします。招待された側は、製品の感想や今後を期待する言葉で結びましょう。

主催者の挨拶

出だしの言葉

◆本日はお忙しいところ、弊社《へいしゃ》の新製品発表会にご臨席賜《たまわ》り、ありがとうございます。また、皆様には日ごろからお引き立ていただき厚くお礼申し上げます。

◆皆様には、新製品○○の発表会にお越しいただき、ありがとうございます。私は開発を担当しました◇◇でございます。さっそくですが製品の説明を……

◆本日は、当社の商品展示会に、このように大勢の方にご来場いただき、大変にうれしく存じます。日ごろよりのご愛顧、深く感謝いたします。

結びの言葉

◆どうか、のちほど、忌憚《きたん》のないご意見、ご感想などお寄せいただければありがたく存じます。それでは、○○を実際にお試しくださいませ。

◆会場には実物を用意してございますので、お手に取ってゆっくりとご覧ください。ご不明の点があれば、担当の者が説明いたします。それではどうぞ……

◆本日は、当社展示会にご足労いただき、ありがとうございました。心ばかりの品を用意いたしましたので、お帰りの際は受付にてお受け取りください。

招待客の挨拶

出だしの言葉

◆本日は、○○の発表会がかくも盛大に行われましたことを、心よりお喜び申し上げます。

◆□□社の△△です。本日は、◎◎社さんの新作○○の発表会にお招きいただき、ありがとうございます。

◆今年もまた楽しみにしておりました◎◎社さんの展示会にお招きいただき、ちょっと興奮ぎみです。

結びの言葉

◆今日は、予想もしなかったすばらしい製品を見せていただきました。今後とも、業界の牽引役《けんいんやく》としてのご活躍を期待し、挨拶《あいさつ》に代えさせていただきます。

◆いつもながら、展示された御社《おんしゃ》の主力商品を拝見して、質の高いできばえに感じ入っております。私どもの店でも自信をもってお客様に推奨《すいしょう》いたします。

ここを決めたい！

招待懇親会のスピーチ…出だしと結び

主催者側は、参加へのお礼、日ごろの感謝を述べ、今後の協力を願って締《し》めます。招かれた側は、招待への感謝を必ず述べ、今後の発展と親交を期待し、協力を約束します。

出だしの言葉

主催者側の挨拶

◆今日は、皆様お忙しい中、ご出席賜《たまわ》りまして、まことにありがとうございます。いつもは並々ならぬご愛顧《あいこ》をいただき、心よりお礼申し上げます。

◆販売店の皆様、日々のお仕事でお疲れのところ、本日は多くの方にお集まりいただき、ありがとうございます。私は、営業担当の△△でございます。

◆おはようございます。本日は○○コンペに多数ご参加いただきありがとうございます。幸い好天に恵まれ、ハイスコアが続出するものと楽しみにしています。

招待客の挨拶

◆この度は、このようなすばらしい○○会にご招待いただき、ありがとうございます。□□社の△△です。皆様を代表して、一言ご挨拶申し上げます。

◆今年も、○○会にお招きいただきましてありがとうございます。ふだんは会うことのない皆様と親交を深めることができるのは、私の大きな喜びです。

結びの言葉

主催者側の挨拶

◆皆様のお力添えがあればこその◎◎社でございます。私どもも努力してまいりますが、どうか今後ともご協力くださるようよろしくお願いいたします。

◆本日は、日ごろのご厚情に感謝しまして、ささやかな席を設けさせていただきました。ゆっくりとくつろいで、この店自慢の旬《しゅん》の海産物をご堪能《たんのう》ください。

◆また、豪華な景品もたくさん用意いたしましたので、ご期待ください。それでは、張り切ってスタートとまいりましょう。

招待客の挨拶

◆御社《おんしゃ》の繁栄あっての私どもでございます。微力ながら、これからも販売努力を続けてまいりますので、お付き合いのほどよろしくお願いいたします。

◆本日は、十分に楽しませていただきました。ありがとうございました。御社のいっそうのご発展をお祈りしまして、お礼のご挨拶とさせていただきます。

ここを決めたい！

結婚披露宴のスピーチ…出だしと結び

主賓や上司の挨拶ではフォーマルな格調の高さが必要ですが、先輩・同僚など、ある程度くだけた表現も許されます。職場の仲間として親近感のある温かい言葉を選びましょう。

主賓の挨拶（上司）

出だしの言葉

◆○○さん、△△さん、ご結婚おめでとうございます。また、ご両家の皆様、この度のご良縁まことにおめでとうございます。ただ今ご紹介賜《たまわ》りました、新婦が勤めております◇◇社の□□でございます。

◆○○君、△△さん、ご両家の皆様、まことにおめでとうございます。このようなおめでたい席にお招きいただきまして光栄に存じます。高いところから僭《せん》越《えつ》ではございますが、一言お祝いの言葉を述べさせていただきます。どうぞ皆様、ご着席ください。

◆◇◇社の□□でございます。諸先輩の皆様がいらっしゃるのにはなはだ恐縮ですが、ご指名ですのでお祝いの挨拶《あいさつ》をさせていただきます。○○君、△△さん、ご両家の皆様には心からお慶《よろこ》び申し上げます。

◆爽《さわ》やかな風薫《かお》るこの佳《よ》き日、○○家、△△家のご婚儀がととのい、まことにおめでたく存じます。新郎新婦、ご両家の皆様には心よりお祝い申し上げます。

結びの言葉

◆お二人の新しい門出《かどで》を心より祝福申し上げて、挨拶に代えさせていただきます。本日は、まことにおめでとうございます。

◆新郎新婦のお幸せとご両家の末永いご繁栄をお祈り申し上げまして、私の祝辞とさせていただきます。本日はありがとうございました。

◆長い人生には、山もあり谷もあります。お二人が新生活のスタートにあたって、お互いに助け合って明るい家庭を築いていかれますようお願い申し上げます。本日はご招待いただきありがとうございました。

◆皆様には、明日からの二人を温かく見守ってくださるようお願い申し上げます。若いお二人も今日の新鮮な気持ちを忘れず、仲むつまじく、幸せな家庭を築かれますよう心よりお祈りいたします。新郎新婦ならびにご両家の皆様、本日はまことにおめでとうございます。

来賓の祝辞（上司）

出だしの言葉

◆本日は、まことにおめでとうございます。新郎新婦（ならびにご両家の皆様）には、心よりお慶《よろこ》び申し上げます。

◆ただ今、ご紹介いただきました□□と申します。新郎◯◯君とは同じ会社の上司として、総務部で一緒に仕事をしております。◯◯君、△△さん、ご結婚おめでとうございます。

◆◯◯さん、△△さん、ご両家の皆様、この度のご縁組おめでとうございます。私はお二人が勤めている◇◇商社で◎◎部の部長を務《つと》める□□と申します。

結びの言葉

◆お二人の新生活へのスタートを祝し、末永い幸せをお祈り申し上げて、私の挨拶《あいさつ》とさせていただきます。本日は、まことにおめでとうございます。

◆新郎新婦の門出《かどで》を祝福し、併《あわ》せてご両家のますますのご繁栄を祈念《きねん》いたしまして、お祝いの挨拶とさせていただきます。最後になりましたが、本日は、お招きいただきましてありがとうございました。

◆新婦の△△さんは、今の仕事を続けられると伺《うかが》っております。共働きはお互いの理解と助け合いが大切です。愛情溢《あふ》れる家庭を築かれるように祈ります。

来賓の祝辞（取引先）

◆本日は、◯◯さん、△△さんの結婚披露宴《ひろうえん》にお招きいただきまして、ありがとうございます。お二人のご結婚を祝し、一言ご挨拶申し上げます。私は、新郎がお勤めの◇◇社と長年お取引させていただいている、◎◎社の□□でございます。

◆本日は、おめでとうございます。新郎◯◯さんは◇◇社の仕入れ担当としてわが社と深いお付き合いがあり、公私両面で仲よくさせていただいています。

◆お二人の前途が輝かしい光に照らされることをお祈りするとともに、ご両家のご繁栄を心より願って、お祝いの言葉とさせていただきます。

◆簡単ではございますが、新たな人生に旅立たれるお二人の幸せを祈り、私の祝辞とさせていただきます。

来賓の祝辞（先輩・同僚・後輩）

出だしの言葉

◆○○君、△△さん、ご結婚おめでとうございます。本日は、この晴れがましい席にお招きいただいて、ありがとうございます。私は、新郎の○○君と同じ◎◎部の五年先輩の□□と申します。

◆△△さん、本日は晴れてご結婚、おめでとうございます。今日の△△さんはまぶしいばかりに輝いて、幸せいっぱいの笑顔がすてきですよ。◎◎部を代表して、一言お祝いのご挨拶《あいさつ》を申し述べます。

◆○○君、△△さん、結婚おめでとう。私は○○君とは同期入社の□□です。職場の仲間も、今日のお二人の門出《かどで》を心から祝福しております。

◆新婦の△△さんとは、会社の同じ部署で机を並べ、親しくしていただいている□□と申します。本日は、お二人のご結婚、本当におめでとうございます。

◆○○先輩、△△さん、ご結婚おめでとうございます。会社では、仕事もプライベートな面でも、いつも先輩を頼りにさせていただいている□□です。

◆△△先輩、本日はおめでとうございます。すてきな披露宴《ひろうえん》にお招きいただいて、胸がいっぱいです。

結びの言葉

◆少々先輩気分で、忠告めいたことを申しましたが、お許しください。お二人のご多幸と健康をお祈りしてお祝いの挨拶とさせていただきます。

◆お二人が、楽しく温かい家庭を築いてくださることを願って、私の祝辞といたします。本日はお招きいただきまして、ありがとうございました。

◆そのうち、お二人のあつあつぶりを見とどけに、新居へお邪魔したいと思っておりますので、その折りはよろしくお願いします。本日はおめでとう。

◆△△さん、仕事と家庭の両立は大変かと思いますが、お互いに支え合って明るく楽しい家庭を築いてください。新郎の○○さん、△△さんをよろしくお願いします。いつまでもお幸せに！

◆拙《つたな》い挨拶ですが、お祝いの言葉とさせていただきます。どうか○○さん、いつまでも私たち後輩の目標でいてください。お二人のお幸せを祈ります。

◆私たちの憧《あこが》れであった△△先輩が退職されるのは残念ですが、いつ、どこにいても先輩らしく輝く女性でいてください。本日はおめでとうございます。

ここを決めたい！

葬儀・法要のスピーチ…出だしと結び

会葬御礼は、会社と遺族を代表する挨拶ですから、格調高く会葬者へのお礼を述べます。年忌法要《ねんきほうよう》や追悼会《ついとうかい》は、故人を偲《しの》んで思い出を語る雰囲気《ふんいき》をつくりだしましょう。

会葬御礼

出だしの言葉

◆一言、ご挨拶《あいさつ》申し上げます。私は、◇◇社の専務の◇◇でございます。本日はご多用のところ、故○○の社葬ならびに告別式にご会葬賜《たまわ》り、まことにありがとうございます。遺族ならびに社員一同に代わりまして、厚くお礼申し上げます。

結びの言葉

◆私どもは個人の遺志を引き継ぎ、社業の発展に尽《つ》くす所存でございます。今後ともご協力、ご支援を賜りますようお願い申し上げます。また残された遺族にも変わらぬご厚情を賜りますようお願い申し上げます。本日はまことにありがとうございました。

法要の挨拶

出だしの言葉

◆本日はお忙しいところ、前社長○○の追悼会にお集まりいただきまして、まことにありがとうございます。遺族ならびに会社を代表いたしまして、一言ご挨拶を申し上げます。早いもので、故○○が亡くなりましてから、□年が経《た》ちました……。

◆本日は○○君三回忌にあたり、元同僚ということでお知らせをいただきました。お陰で先ほど墓前に詣《もう》で、ご無沙汰《ぶさた》を詫《わ》びてまいりました。もう二年が過ぎたのかと月日の経つ速さには驚きますが、いろいろなことが昨日のように思い出されてなりません。

結びの言葉

◆今日は、前社長を偲んで、生前の思い出を自由に語り合っていただきたいと存じます。また、奥様にもお越しいただいておりますので、のちほど、お話をゆっくりと伺《うかが》いたいと思っております。よろしくお願いします。

◆優秀なリーダーであった○○君の先取の気風は、われわれに引き継がれています。これからも折りに触れ、○○君のことを懐《なつ》かしく思い出すことでしょう。改めて、ご冥福《めいふく》をお祈り申し上げ、ご挨拶とさせていただきます。

聞く人の心をつかむスピーチのポイント10か条

1 原稿をつくって準備する

改まった席でのスピーチは、前もって依頼や要請があるのが普通ですから、スピーチ原稿をつくって準備しましょう。

スピーチの目的や期待されている自分の立場を考えてテーマを決めます。ビジネス関連のスピーチでは、業務内容に触れることも多いので、固有名詞や数値など間違いのないように事前の情報収集も必要です。

2 話題をしぼって話す

取引先の祝賀会では相手の業績への賛辞を、結婚式の上司の祝辞では新郎新婦の仕事ぶりをというように、集まりにふさわしい話題を選びます。

聞き手の興味を引くには、新鮮で、誰《だれ》にでも分かりやすい内容の話題が適切です。特に自分しか知らない、しかも皆が感心するエピソードを披《ひ》露《ろう》するのは効果的です。ただし、エピソードは数が多いと話が長くなり、印象も薄れるので、一つにしぼり込みます。

3 メモを用意する

スピーチに自信があっても、思いがけず頭の中が真っ白、という事態も発生します。それが心配なら、手のひらサイズの小さなカードに、「出だし」「主題」「結び」のポイントとなる語句を書いておきます。

4 時間は短く、表現は簡潔に

いくら立派なことを並べ立てても、聞くほうは、話が長くなると退屈し、印象が薄らいでしまいます。

祝賀会の主賓格は四〜五分程度、その他大勢の中の一人なら、三分前後に抑《おさ》えましょう。短く的確な表現で話せば、三分でも十分内容のあるスピーチができます。

5 気持ちが伝わる話し方を

スピーチは、自分の気持ちや考え方を相手に伝えるのが目的です。

受けをねらって気の利《き》いたことを言おうとしたり、美辞麗句を並べるより、下手でも素朴《そぼく》な話し方のほうが、相手の心に届きます。自分の言葉で、素直で自然な話し方を心がけましょう。

6 姿勢を正し、声ははっきりと

会場の後ろまで声が届くように、はっきりと、ゆっくりめに話します。マイクがあれば、口元から少し離すほうが、呼吸音などの不要な音が拾われなくてよいでしょう。

キョロキョロしたり、うつむいたりせず、背筋を伸ばしリラックスした姿勢で立ちます。視線は会場の中央あたりにおき、左右を見渡しながら落ち着いて話すようにします。

7 慣用句を上手に使う

出だしや結びの挨拶には、決まり文句という便利なフレーズがあり、特に格式のある祝賀会などで使うと、スピーチが自然に進み、聞くほうでも安心感があります。

また、話題に困ったら、名言・格言などを上手に引用するのも効果的です。ただし、慣用句や格言などにこだわると空疎《くうそ》な印象を与えることもあるので、使いすぎないことです。

8 自己PRや説教調は嫌われる

経験談や業績について話すのはかまいませんが、それが自慢話や会社の宣伝になったり、上から見下した説教調になったりすると、聞くほうは不快になったり、しらけた雰囲気《ふんいき》になります。共感を得るためには、謙虚な話し方を心がけましょう。

9 敬語や忌み言葉にも配慮

特に改まった席では、言葉づかいに気をつけ、謙譲語と尊敬語の使い分けに注意します。祝事や弔事《ちょうじ》で、不吉な印象を与えるとされる忌《い》み言葉は気にする年配の人もいるので、できれば避けましょう。

10 不快になる話題は避ける

祝いの席など多くの人が集まる場所には、いろいろな考え方の人がいます。宗教・思想・政治の話題や金銭にまつわる話、他人の中傷や暴露《ばくろ》話、行きすぎた下品な話、性格・容姿・能力の欠点などを口にするのは避けましょう。

スピーチのトラブル対処法

あがってしまったら、

スピーチの途中であがってしまい、何を話せばよいか分からなくなることがあります。そのような場合は、あわてず、深呼吸をしながらゆっくりと会場を見渡し、その間に思い出す努力をしてみましょう。

どうしても思い出せないときは、「ところで」「話は変わりますが」などとつなぎながら、次の話題を探します。

全く立ち往生した場合は、あっさりと、「あまりに緊張して、頭の中が真っ白になってしまいました。いろいろ話したいのですが言葉が見つかりません。本日はおめでとうございます」などと白状し、最後は決まり文句で締《し》めても、気持ちは十分に伝わります。

あがるのを事前に防止する方法は、原稿やメモを用意することです。あがりやすい人は、それを見ながら話しても失礼にはなりません。

話がまとまらなくなったら

途中で、話が支離滅裂《しりめつれつ》になりそうになったら、一呼吸おいて、頭の中を整理します。まとまりそうもなければ、「つまり、私がお話ししたかったことは」などと言葉をつないで、途中の具体的な内容はとばし、最後の結論に話をもっていくとよいでしょう。

名前を言い間違えたら

氏名や役職名などを言い間違えてばつの悪い思いをすることがあります。

小さなミスなら、こだわらず無視しても、聞くほうはさほど気にしないものです。見逃せないミスに気づいた場合は正直にその場で訂正して謝ります。その時点で「どうもお名前を間違えたようです。失礼いたしました」と詫《わ》びればよいのです。弁解じみた言い訳は、かえって注意を引いてしまいます。

先に同じ話題を話されたら

用意していた話題を先に言われてしまうことがあります。その場合は、あわてず、自分の番がくるまでにほかの話題を考えておきましょう。原稿づくりの段階で、複数の話題を準備しておくと安心です。

突然指名されて困ったら

祝いの席などで急に指名され、話題が思い浮かばないときは、「お招きを受けて感激しております。〇〇様には心よりお祝いを申し上げます。本日はほんとうにおめでとうございます」と祝意を述べるだけでもよく、祝いにふさわしい歌など披露するのも一法です。

第2章

式典・祝賀会のスピーチ

社内外の人が集まる公的なお祝いの席では
一定の格調を保った挨拶が求められます。
ただし、堅苦しく平板な話に終始しないように、
聞く人に強く訴える中身のある話題で
会場を明るく盛り上げるようにしましょう。

式典・祝賀会のスピーチのポイント

◎来賓側の祝辞

式典や祝賀会には創立記念、開業、社屋落成、入社式、受賞など、さまざまなものがあります。

来賓側の祝辞ではずせないのが、①お祝いの言葉、②業績を称《たた》える、③今後の発展を祈る、などで、あとはケースバイケースで適宜《てきぎ》、付け加えます。

特に取引先関係者の列席する社外行事の挨拶では、ある程度の格調の高さが必要です。

②について気をつけたいのが、いかに実のある褒《ほ》め方ができるかということです。抽象的でありふれた言葉の羅列《られつ》では効果がありません。

祝辞の組み立て・基本型（創立記念式典）

祝辞とお礼	自己紹介	回顧と称賛	今後への期待	結びの言葉
式典に対する祝辞、式典招待へのお礼を述べる。	自己紹介し相手との関係を述べる。	創立以来の会社の事績を回顧《かいこ》し、社風や社業を称《たた》える。特に、自社との関連では具体的なエピソードを交えて語る。	今後への期待を述べ、発展を祈る。	改めてお祝いとお礼を述べる。
本日は、○○社の創立二○周年記念をお迎《むか》えになりまして、まことにおめでとうございます。また、ご招待にあずかりありがとうございます。	私は、○○社様の創立当初からお取引いただいております、株式会社△△の茅島と申します。	私どもは、ＩＴ機器用の組み込みシステムを納入していただく関係で、○○社と歩みをともにしてまいりました。○○社の強みはアイディアに富んだ先進技術力で、常に他社に先駆《さきが》けて新しいシステムを開発していらっしゃいます。その結果、○○社の組み込みシステムを導入している当社の製品も、同業他社に先駆けて先端機器を開発、販売できるというしだいです。	組み込みシステム業界は大きく飛躍が期待できる業界ですが、○○社はこれからもそのトップをキープしていくことは間違いありません。	○○社のますますのご発展をお祈り申し上げ、私の挨拶《あいさつ》とさせていただきます。

具体的なエピソードの一つでもあげるほうが、中身のある、印象深い祝辞になります。

会社を代表して述べる祝辞では間違いのないように相手の情報を事前に確認し、また失礼のないように話題や言葉づかいに気をつけましょう。

◎主催者側の挨拶

主催者側の挨拶の基本は、①列席や祝辞へのお礼の言葉、②祝いごとの経緯や交誼《こうぎ》への感謝、③今後への支援を願う、などです。

②で、祝いごとの中身や経緯について述べる場合、きちんとした説明は必要ですが、長々と自慢めいた話にならないように注意しましょう。また、祝いごとの背景にある、関係者のこれまでの交誼についても、感謝の言葉を捧《ささ》げることを忘れないようにします。

謝辞の組み立て・基本型（社屋落成式典）

列席へのお礼	◀ 建設の意図と経緯	◀ 建物の特徴	◀ 結びの言葉
落成式列席への感謝を述べる。	新築、建て替え、改修など建設の種類や動機、また経緯について説明をする。	建物の設計および設計者や、特徴などについて説明する。	落成後の抱負を述べ、引き続いての支援を願う。
本日はお忙しい中、私どもの新社屋落成式にご出席賜《たまわ》りまして、まことにありがとうございます。こうして、皆様に新社屋をご披露《ひろう》できますことを、大変うれしく存じます。	今から二〇年ほど前、マンションの一室を借り、わずか五人で空間デザインの仕事を始めました。いずれ世界に雄飛しようと皆で夢見ておりましたが、海外の小都市の駅前再開発デザイン・コンペに優勝したことをきっかけに、思いもかけない速さで発展を遂げ、私ども自身、驚いております。これも偏《ひとえ》に皆様のお陰と感謝いたしております。念願叶《かな》って自社ビルを……	空間デザインを標榜《ひょうぼう》する当社といたしましては、なまじのビルを建てるわけにはまいりません。設計には心血を注ぎました。ビルの内部には美術ギャラリーを兼ねた回廊《かいろう》や心安らぐ緑の遊歩道を組み込むなど、特に空間のデザインに工夫を凝《こ》らしております。また、外部は……	自社ビルの落成により、より落ち着いて仕事に取り組めるものと思っております。どうぞ今後とも皆様のご支援をお願い申し上げます。

話し手
社長（男性）

会社創立記念式典での挨拶［主催者］

▼創業以来の歩みを回顧し、取引関係者に感謝する▲

4分

創立記念日の挨拶の組み立て

- 謝辞：列席者にお礼の言葉を述べる。
- 業績と回顧：創立当時から現在までの歩みや業績を述べる。
- 支援への感謝：取引先の支援に対し感謝の気持ちを述べる。
- 今後の抱負：会社の理念や将来への抱負を述べる。
- 結びの言葉：列席者の健康と繁栄を祈る。

ここがポイント

創立記念日の目的は、記念日を機に過去を振り返るとともに将来への飛躍を期するものです。同時に会社のPRを兼ねるので、さりげなく会社の理念や業績に触れます。

謝辞本日は、私ども○○株式会社の創立三○周年の記念式典に、このように多くの皆様のご来臨を賜《たまわ》り、まことにありがとうございます。

会社の業績と回顧

★①思い返せば、当社のスタート時のメンバーは総勢七名で、大学の山歩きのサークルを通じて知り合った仲でした。卒業後は、それぞれ企業に就職しましたが、休日になると集まっては山歩きを楽しんでおりましたところ、そのうち誰《だれ》がいうともなく、皆で何か仕事をしたい、ということになりました。どうせなら、趣味と実益を生かして山に関する商品を扱おうということになり、若さだけの勢いで会社を設立したしだいでございます。販売に駆けずり回る一方で、それまでの経験に基づいた新商品の開発に取り組み、文字通り寝食を忘れてがむしゃらに働きました。そのとき役立ったのが山歩きで鍛《きた》えた体力とそこで培《つちか》ったお互いの信頼関係でした。幸い開発した新商品が次々とヒットし、会社は順調に業績を伸ばすことができました。その後、会社の規模も年々拡大し、業界のトップクラスまで上りつめることができましたことは夢のようでございます。

②このような当社の順調な発展は、社員の仕事に対する熱意とたゆまぬ努力の賜《たまもの》ですが、それにも増してお取引いただいている皆様方の励《はげ》ましや

★バリエーション

■創立五〇周年

先代が、戦後の苦しい時代を、着る物も着ないで頑張ってきた女性に、

支援への感謝

ご支援によるところが大であります。皆様からいただいた貴重なご意見が商品の改良や新商品の開発につながったこともございますし、何よりも当社の商品にご信頼をくださり、常に温かい励ましのお言葉をいただきましたことがどれほど心強かったことか、計り知れないものがございます。改めてここに深く感謝申し上げます。

今後の抱負

ところで当社がこの数年、ヘルスクラブの経営に乗り出しているのはご承知のことと存じます。当社の創立メンバーが一人も欠けることなく元気で今日あるのも、その後も続けている山歩きのお陰と思い、スポーツが健康に果たす役割の大きさを常々感じておりました。そこで日本の高齢化社会に伴い、当社のヘルスクラブでは特に中高年用のプログラムに力を入れております。マシントレーニングなどだけではなく、山歩きはもちろんのこと、歴史探訪、フォークダンス、乗馬など、会員の方々が楽しみながらからだを鍛え、健康な老後を過ごせるようにしていただけたらと願っております。企業の社会還元を考え、当初は赤字覚悟でスタートいたしましたが、お取引先からもご支援をいただき、経営もしだいに軌道に乗ってまいりました。こちらも本業と同様、熱意をもって取り組んでまいりたいと存じますので、変わらぬご支援を賜りますよう、心よりお願い申し上げます。

結びの言葉

最後に、ご臨席の皆様のご健勝とますますのご繁栄をお祈り申し上げて、お礼のご挨拶《あいさつ》とさせていただきます。

本日は、ありがとうございました。

きれいに装《よそお》ってほしい一心で設立いたしましたのが、当社の前身の洋裁店です。物資のない時代、材料の調達、技術の習得など苦労の連続で、こうして現在、パリコレに進出するまでになりましたことは、まるで夢のようでございます。

ここをチェック！

①創業時のエピソードは、会社の初心や理念を伺《うかが》い知る格好の話題なので、興味深く聞いてもらえます。

②企業が発展していく過程には、必ず陰に日向《ひなた》に協力してくれた人たちがいます。その人たちへの感謝の言葉は必ず盛り込みましょう。

マナー

記念品を用意する

創立記念に、社名や記念日入りの引出物（洒落《しゃれ》たデザインの文具・食器・ハンカチ・タオルなど）を用意するとよいでしょう。

話し手
取引先社長（男性）

会社創立記念式典での祝辞【来賓】

▼創立当初からの歩みを回顧し、誠実な仕事ぶりを称賛する▲

4分

祝辞とお礼

ただ今ご紹介にあずかりました△△産業の菊池でございます。僭越《せんえつ》ながら、取引先を代表いたしまして、ご挨拶《あいさつ》をさせていただきます。

本日は、このような盛大なお祝いの席にお招きいただきまして、まことに光栄に存じます。ここに晴れて○○社が創立二〇周年をお迎《むか》えになりましたことを、心よりお喜び申し上げます。

回顧と称賛

私どもは御社《おんしゃ》の創立当初からお付き合いをさせていただいております。

①当時、福田社長は大手の広告会社から独立されたばかり、私も先代の跡を継いで経営を任されたところでした。ちょうど私どもでは社運を賭《か》けて開発した新商品をどのようにして売り込もうかと腐心《ふしん》していたところでしたが、そこへ、さる信頼できる方を通してご紹介いただいたのが福田社長でした。辣腕《らつわん》のディレクターとして名を馳《は》せた方だとのことでございましたが、実際にお会いしてみると、全く偉ぶったところのない、謙虚で誠実なお人柄に驚くとともに、強く惹《ひ》きつけられました。しかも、商品に対する理解力に優れていらっしゃって、すばらしいアイディアを次々とご披《ひ》露《ろう》いただくに及び、新商品販売の広告戦略のいっさいをお任せすることにいたしたしだいでございます。あとは申し上げなくてもお分かりかと存じ

創立記念式典の祝辞の組み立て

- **祝辞とお礼** 式典に対する祝辞と自己紹介、招かれたお礼を述べる。
- **回顧と称賛** 創立以来の事績を回顧《かいこ》して、社風・社業を称賛する。
- **今後への期待** 今後への期待を述べ、発展を祈る。
- **結びの言葉** お礼と結びの挨拶を述べる。

ここがポイント

まず、創立記念日を迎えたことを祝し、招待に対するお礼を述べます。そのうえで、創業以来の業績を称《たた》え、今後の社業の発展を祈ります。

称賛の言葉は、あれこれ欲張らず、その会社のいちばん優れたところにポイントを絞り、エピソードなどを交えて、具体的に話すとよいでしょう。

結びの言葉　今後への期待

ますが、それがテレビコマーシャルとともに一世を風靡《ふうび》いたしましたG商品です。それ以来、わが社の広告はもっぱら○○社にお願いし、ともに発展してまいりました。

★②中国の言葉に「勇将のもとに弱卒なし」というのがありますが、確かに優れた指導者のもとには優れた社員が集まるようでございます。その後、○○社は飛躍的に発展し、社員の方々も増えましたが、アイディア豊富かつ謙虚で誠実な仕事ぶりという、最初に福田社長に抱いた印象が社員全員に共通しているのには感心のほかありません。こちらがかなり無理なお願いをしましても、いやな顔を決してなさらず、ほかのアイディアを出したり融通をつけたりして、何とか要望を叶《かな》えるよう努力してくださいます。こうした印象は私どもだけでなく、皆様がお感じになるようで、バブルが崩壊して企業が広告を控《ひか》えた時期も、○○社はさほど影響を受けなかったと伺《うかが》っております。

今後、広告業界も、インターネットの発達や携帯電話の進化によって、変化への対応が迫られるやに存じます。しかし、創立当初からの企画力や人間力が健在である限り、将来に対するさらなる発展も大いに期待できるものと信じております。御社のご発展を心よりお祈り申し上げますとともに、今後ともどうぞよろしくお願い申し上げます。

これで私の拙《つたな》いお祝いのご挨拶を終わらせていただきます。本日はお招きいただきまして、まことにありがとうございました。

★バリエーション

中国の故事に「世に伯楽《はくらく》あり、然《しか》る後に千里の馬あり」というのがあります。どんなに優れた人材も、それを見いだしてくれる立派な見識のある人がいなければ、その才能を発揮《はっき》することはできないという意味です。間宮社長は社員の個性や能力を見いだし、育てるのが大変お上手だとの評判で、別の会社で力を出しきれなかった方も、見違えるほどの活躍をなさっていることも多いと伺います。学生の人気企業としてトップランクに位置するのも当然で、また、これこそが会社の業績を伸ばしている秘訣《ひけつ》ではないでしょうか。

ここをチェック！

①相手の会社や、社長など関係者との具体的なつながりを述べると、褒《ほ》め言葉にも説得力が生まれます。

②適切な故事、ことわざ、格言などを引用すると、話が引き締まり、格調高くなります。

話し手
支店長（男性）

支店開業披露パーティーでの挨拶

▼ＤＩＹ店の支店開業が地域社会に貢献することを伝える▲

［主催者］

2分

謝辞と自己紹介	経緯と経営方針	結びの言葉

皆様、本日はご多忙のところ、○○ＤＩＹ社△△支店の開業披露《ひろう》パーティーに足をお運びくださいまして、まことにありがとうございます。私、この度○○支店を預かることになりました城島でございます。

昨今はＤＩＹが大流行で、ご自分でリフォームをしたり、ちょっとした家具を作る方も増えてまいりました。あいにくこのあたりはＤＩＹ店がなく、遠方まで出かけなければなりませんでしたので、出店に際しては反対の声はなく、歓迎ムード一色だったことは本当にありがたく、心より感謝申し上げます。私ども○○ＤＩＹ社のモットーは、お客様に聞かれたことに対しては決して分からないといわないですむように、商品知識や技術について徹底的に教育、指導していることで、それはこの支店においても変わりはありません。ですから、皆様、店員には安心して何でも聞いてください。欧米では、日曜大工で家を建ててしまう人もいるようですが、当支店でもＤＩＹ教室などを開いて、お客様の幅広いニーズに応《こた》えられるよう鋭意、努力してまいりたいと思っております。

どうか末永く、ご愛顧《あいこ》、お引き立てくださいますよう、よろしくお願い申し上げます。本日は、ありがとうございました。

支店開業の挨拶の組み立て

謝辞 自己紹介を兼ねて、列席者への感謝を述べる。

経緯と方針 開業までのいきさつや経営方針を述べる。

結びの言葉 今後への末永い支援を願い、挨拶を結ぶ。

ここがポイント

開店に至るまでのいきさつについては、苦労話も明るくさらりと述べるとともに、お世話になった方々やご迷惑をかけた近隣の方々への感謝を忘れないようにしましょう。

また、経営方針は、本社の経営方針と深い関連がありますから、きちんと伝えるようにしましょう。

ここをチェック！

出店に際してトラブルがなかったことは伝えておきましょう。

話し手
商店会会長（男性）

支店開業披露パーティーでの祝辞［来賓］

▼開業が商店街を活性化することを期待する▲

2分

祝辞と自己紹介	経緯と感想	結びの言葉

ご紹介賜《たまわ》りました商店会会長の梶でございます。本日は、盛大な開業披露《ひろう》パーティーにお招きいただき、まことに光栄に存じます。僭越《せんえつ》ではございますが、商店会を代表して祝辞を申し述べさせていただきます。

私どもの商店街に、石窯《いしがま》で焼いた高級パンで有名な○○製パンの支店が進出すると伺《うかが》いましたときは少し驚きました。下町の商店街にそんなハイカラなパン屋さんがオープンして違和感がないものだろうかと。

しかし、開店準備に奔走《ほんそう》された島田社長は、下町の事情や人情に実に詳しく、飾らないお人柄には大変好感をもちました。伺えば、もともと下町のご出身で、下町に開店なさるのが念願だったとのことで、なるほどと思ったしだいでございます。完成した店はご覧の通り、ハイセンスでございますが、取り澄ましたところがなく、下町の精神が横溢《おういつ》した雰囲気《ふんいき》をもっております。併設されたオープンカフェは、おいしいパンでお客様のお腹《なか》を満たしてくれるとともに、商店街のオアシスとしてお客様の心もつかんでくれるものと期待しております。

○○製パンのつつがない開業とこれからの発展を心よりお祈り申し上げます。本日は、まことにおめでとうございます。

支店開業の祝辞の組み立て

祝辞　自己紹介を兼ねて、招かれたお礼と開業への祝辞を述べる。

＜

経緯と感想　出店を歓迎し、店の特徴を紹介する。

＜

結びの言葉　今後の店の繁盛を祈り、挨拶を結ぶ。

ここがポイント

まず何よりも開店を歓迎していることを強調し、祝福の言葉を述べることが大切です。また、開店にまつわるエピソードなどを通して、店の特徴や魅力を、期待感を込めて紹介してあげるといいでしょう。

タブー

避けたい忌み言葉

つぶれる、倒れる、滅びる、落ちる、閉まる、寂《さび》れる、傾く、失う、敗れる、駄目になる、散る、ほころびる、枯れる、など。

話し手
所長（男性）

事務所開業披露パーティーでの挨拶［主催者］

4分

▼百年もつ家造りを目指す建築設計事務所開業の意気込み▲

謝辞と自己紹介

ご列席の皆々様、本日はご多忙中にもかかわらず、安藤建築設計事務所の開業披露《ひろう》パーティーにご参集いただきまして、心よりお礼を申し上げます。私が所長の安藤でございます。

開設の趣旨と経緯

★私が、建築の仕事をするようになった原点は、幼少時に住んだイギリスにあるように思います。イギリスというのは、ご存じのように、古い物を大切にする国で、特に建物に関しては古ければ古いほど価値があると考えるところがございます。私ども一家が住んだロンドン郊外の家もビクトリア朝時代の民家で、設備も現代的ではなく、不便で住みにくい部分もありましたが、それを家族全員で手を加えながら居心地のいい空間に創《つく》り上げていく楽しさを覚えたものです。休日には、ナショナル・トラストが管理するさまざまな建物を家族で見て回りました。その度に、古い建物がもつ風格や落ち着いた美に魅《み》せられました。石や大理石、木、レンガなどのナチュラル素材が、からだにやさしいことも知りました。

これに対し、日本の一般的な家屋は、せいぜいが三〇年の耐用《たいよう》年数で、なかなか住み継いでいくまでには至りません。唯一、古民家だけは百年以上の時を経ても威風堂々《いふうどうどう》たる佇《たたず》まいを残していますが、維持が大変だった

事務所開業の挨拶の組み立て

謝辞 ＜ 列席者への感謝を述べる。

趣旨と経緯 ＜ 開業までのいきさつや開業の趣旨《しゅし》などを述べる。

決意と抱負 ＜ 謙虚な中にも、仕事に対する決意と抱負を述べる。

結びの言葉 お礼と結びの挨拶を述べる。

ここがポイント

新しい事業所の場合、実績がまだありませんから、これまでの来歴など自己アピールして、信頼を得るようにしましょう。

また、事業内容を説明し、仕事への熱意と意気込みなどもさりげなくアピールするとともに、支援をお願いします。

結びの言葉	今後への決意と抱負

り、住みにくかったりで、取り壊されていました。私はこうした日本家屋のあり方に疑問を感じ、建築家になって古民家の再生や百年はもつ家の建設に携《たずさ》わりたいと思うようになったしだいでございます。そこでロンドンの大学の建築学科を卒業したのち、イギリスで古い家の修復に携わり、日本に帰国後は棟梁《とうりょう》のところで五年ほど修行して日本の古民家を研究し、満を持して、ここに建築設計事務所を設立いたしました。

私が日本で目指しているのは、古民家の再生や再利用、また、日本建築の優れたところとイギリスの建築のよいところを取り入れた百年はもつ家造りです。幸い、これまでに培《つちか》った日本やイギリスの人脈を通じて、建築資材や建築技術を提供してくれるところも確保しております。周りを見回していただくと、いかにも頑固そうな職人気質《かたぎ》のお顔がちらほらとご覧いただけるかと存じますが、今までお世話になった棟梁や職人の方々です。さらに、この間、それらの方々と一緒になって、日本の古い民家の素材やイギリスの石やレンガなどの素材を用い、実際にわが家の家造りで実践してみました。それが、事務所を兼ねたこの家で、学んできた家造りのコンセプトがいっぱい詰まっております。

簡単なティー・パーティーのあと、ご案内させていただきます。

今はまだ、従業員も三名という、ささやかな事務所ではございますが、抱いている夢の大きさは誰《だれ》にも負けないつもりでございます。これからの皆様のお引き立てを、切にお願い申し上げます。

★バリエーション

私が、最初に弁護士という仕事に関心をもちましたのは、中学生のころにアメリカのテレビ・ドラマの弁護士物を見たことでした。毎回、青年弁護士が熱弁をふるって、困っている人を助ける姿に胸のすく思いがし、憧《あこが》れました。それだけでしたら、ただの夢に終わったのでしょうが、高校生のころ、友人の父親が医療ミスが原因で亡くなりました。こんなとき、テレビのような弁護士がいたら、と思い、本格的に弁護士になろうと思ったのです。現実は、テレビのようにかっこよくはありませんが、正義の味方という点では、テレビのヒーローに負けないつもりです。

ここをチェック！

パーティーや会食などがある場合は、知らずに帰ってしまう人がいないように、あらかじめ、伝えておくようにしましょう。

話し手
取引先社長（男性）

事務所開業披露パーティーでの祝辞

【来賓】 4分

▼企業コンサルティング事務所開業の将来性に期待する▲

祝辞と自己紹介

本日は、宮本コンサルティングの事務所開業、おめでとうございます。設備の整ったすばらしい事務所で、宮本さんの熱い気概《きがい》がストレートに伝わってまいりまして、こちらまでいささか興奮気味でございます。私は、宮本さんがこれまでお勤めになっていた寺島コンサルティング時代から、お付き合いさせていただいております○○商事の相良と申します。

開業の経緯と感想

この度、宮本さんが独立なさるというお話を伺《うかが》ったとき、「ああ、そうか」とごくごく自然に受け止めました。と申しますのも、宮本さんは自立心が旺盛《おうせい》でチャレンジ精神に富んだ方という印象が強く、いずれは独立してお仕事をなさるんだろうな、と常々、思っていたからです。ですから、私にとってはそれがいつか、という問題だけでした。

宮本さんは、△△大学の法学部をご卒業後、アメリカのコロンビア大学でMBAを取得なさり、外資系の企業にお勤めになりました。そこで、彼《ひ》我《が》の商取引や商習慣の違いに触れて法律に精通することの重要さに気づくとともに、法学部を目指した初志を思い出されたとのことです。思い切って二年後に退職なさって、猛勉強の末、司法試験に合格なさり、勇躍、寺島コンサルティングに入社されました。以来、一〇年間、企業合併や日本

事務所開業の祝辞の組み立て

- **祝辞** ＜ 自己紹介を兼ねて、開業のお祝いと招待へのお礼を述べる。
- **経緯と感想** ＜ 開業のいきさつや所長の人柄など感想を交えて述べる。
- **今後への期待** ＜ 事務所に対する期待を述べる。
- **結びの言葉** ＜ 今後の繁栄を祈り、エールを送る。

ここがポイント

まだ歴史のない事務所開業では、新しい事務所に対する安心感をアピールしてあげるとよいでしょう。それには、前からの取引や付き合いを通じて知った所長の人柄や仕事ぶりなどをエピソードを交えて伝えます。

また、前の職場と協力態勢にあることなども信頼を与える要素になります。

結びの言葉　事務所の特徴と期待

企業の海外進出の仕事に従事されましたが、そのタフで緻密《ちみつ》な仕事ぶりは、クライアントからも事務所からも絶大な信頼を得ていたようです。①私どもでも、アメリカに合弁会社をつくった折りにお世話になりましたが、どんなに困難な状況になっても決してひるむことなく、タフなネゴシエーターぶりを発揮《はっき》し、大いに設立に貢献《こうけん》していただきました。のみならず、その後の事業展開につきましても、アメリカ市場のマーケティングに基づいた冷静で的確なコンサルティング業務を展開していただきました。本当に、ありがとうございました。

こうして拝見してまいりますと、②宮本さんの軌跡《きせき》はチャレンジの連続で、常にご自分のキャリアを磨《みが》いていらしたことがよく分かります。この度の独立もその結果であろうと存じますが、チャレンジがこれで終わりということにはならないと思っております。当面は、宮本さんの退職を惜しみつつも独立を温かく見守ってこられた寺島コンサルティングと提携しつつ、主に日米間の企業のコンサルティング業務に携《たずさ》わるとのことですので、私どもも引き続きお世話になる機会が多いことと存じます。これから宮本さんのチャレンジ精神がどんなところに発揮されていくか、それが私どもの仕事の発展にどうつながってくるか、期待するところ大でございます。どうぞ、今後ともよろしくお願い申し上げます。

最後になりますが、宮本さんの新しい未来がこれまでにも増して輝かしいものでありますことを心よりお祈り申し上げます。

ここをチェック！

①相手を褒《ほ》める場合、これまでの付き合いの中から、具体的な例をあげて話すようにすると、真実味が出て、説得力があります。

②あれもこれも褒めても、散漫になってしまうだけで、聞いている人の心に残りません。この例のチャレンジ精神というように、一つか二つに絞ったほうが効果的です。

ヒント

名言・ことわざの句例
- 石の上にも三年
- ローマは一日にして成らず
- 上り坂あれば下り坂あり
- 天は自ら助くる者を助く
- 背水《はいすい》の陣
- 新しき酒は新しき革袋《かわぶくろ》に盛れ
- 能ある鷹《たか》は爪《つめ》を隠す
- 禍《わざわい》を転じて福となす
- 言うは易《やす》く行うは難《かた》し

話し手
店長（男性）

飲食店開業披露パーティーでの挨拶【主催者】

2分

▼野菜中心のフレンチ・レストラン開業の意気込みを語る▲

謝辞	開業の経緯と店の特色	結びの言葉

本日は、野菜を中心にしたフレンチ・レストラン○○の開業にお越しいただきまして、まことにありがとうございます。

私はフランスのコルドン・ブルーで学んで帰国し、ホテルのフレンチ・レストランでシェフを務《つと》めておりましたが、この度、オーナーシェフとして独立いたしました。メインの食材は野菜です。「なーんだ、野菜か」と思われるかもしれませんが、野菜ほど多彩《たさい》な味わいのある食材はありません。私は、昔ながらの有機農法でおいしい野菜作りをしている方々を訪ね歩いて、これぞ日本一という和洋さまざまな野菜を使わせていただくことになりました。この方々の野菜なくしては当店の開業もありませんでした。改めて感謝するしだいでございます。

私がいちばん苦労しましたのは、野菜固有のうま味をどう生かすか、一品料理としていかに食べ応《ごた》えのある豪華なものにするか、ということでした。これには正直、苦労いたしましたが、皆様に喜んでいただけるものになったのではないかと、内心、自負しております。

それでは皆様、お待たせいたしました。当店のメニューをご披露《ひろう》させていただきますので、どうぞ、ご賞味なさってください。

飲食店開業の挨拶の組み立て

謝辞
列席への感謝を述べる。

＜

経緯と特色
開店までのいきさつや店の特色を述べる。

＜

結びの言葉
メニューの紹介を兼ねて今後への支援を願う。

ここがポイント

飲食店の開業の場合、あまり堅苦しくならず、「ようこそ、お越しくださいました」というぐらいの謝辞がよいでしょう。大事なのは、どういう特色のある飲食店か、その魅力をきっちりとアピールし、訪れてみたいと思ってもらうことです。

また、パーティー形式の場合は、実際のメニューを披露すると、効果的です。いずれにしても楽しい雰囲気《ふんいき》を醸《かも》すようにしましょう。

話し手
取引先社長（女性）

飲食店開業披露パーティーでの祝辞

【来賓】

2分

▼本格的中国茶房の開店を祝い、店長の熱意を称賛する▲

祝辞と自己紹介	経緯と感想	結びの言葉

花井さん、本日は、中国茶房○○の開店、おめでとうございます。私自身がお店のインテリアを担当させていただいた関係で、待ちに待った開店でございまして、本当にうれしく、心からお祝い申し上げます。

花井さんは台湾旅行がきっかけで、中国茶の魅力にとらえられ、仕事の合間を縫って足繁《あししげ》く台湾に通われて、中国茶の研究をなさっていました。実は、私が花井さんと知り合ったのも台湾で、そのころ私は、世界のあちこちのインテリアを学んでいるところでした。以来、親しくお付き合いするようになり、この度、調度に関しても台湾の茶屋をイメージしたインテリアを、ということでご協力させていただいたしだいでございます。

花井さんは、持ち前の行動力とコミュニケーション力で台湾の人々に溶け込み、中国茶に関する知識や神髄《しんずい》を吸収してこられました。ご覧のように、お茶の種類も豊富ですし、お茶菓子もここでしか味わうことができない本場物です。そして何より、茶菓に添えられた花井さん作画による、月替わりの中国茶にまつわる楽しいペーパーは必読でしょう。

本格的な中国茶を嗜《たしな》みたい方には、日本全国、○○茶房以上のお店はないと思っております。これからのご発展を心よりお祈り申し上げます。

飲食店開業の祝辞の組み立て

祝辞 ＜ 経緯と感想 ＜ 結びの言葉

祝辞：自己紹介を兼ねて開店を祝福する。

経緯と感想：開店のいきさつと店の特色を感想を交えて述べる。

結びの言葉：店の宣伝を兼ねて繁栄を祈る。

ここがポイント

飲食店開業の祝辞の場合、その店を上手に宣伝してあげることが重要です。店長の人柄や店の魅力など、エピソードを交えて紹介するとよいでしょう。また、その店にしかない特徴やサービスを強調してあげると、喜ばれます。

また、店の名前は、宣伝の一環として必ず盛り込むようにしましょう。

話し手
社長（男性）

会社合併披露パーティーでの挨拶【主催者】

4分

▼合併の経緯を報告し、そのシナジー効果を強調する▲

謝辞と自己紹介

ご列席の皆々様、本日は新たに設立いたしました◎◎総合商事の設立記念パーティーにご参集賜《たまわ》りまして、まことにありがとうございます。

私は社長に就任いたしました佐山でございます。

経緯と感謝

★すでにご承知のこととは存じますが、①当社は、欧米市場を得意とする○○商事とアジア市場に強い△△通商が合併して設立された総合商社でございます。両社とも創立四〇年ほどの中堅商社で、二度のオイルショックも乗り越え、それぞれ堅実に業績を上げてまいりました。

しかし、バブル経済崩壊後の低迷期は、ともに厳しい試練のときだったかと存じます。そうしたどん底の状態はとりあえずしのいだとは申せ、商社もこれまでのような輸出入を中心とする仕事だけではなく、資源開発、金融、ITをはじめとする情報産業への投資など、新しい事業展開がすでに始まっております。こうした視点を見据《みす》え、体力を強くしたいという双方の経営戦略が合致《がっち》し、今回の合併に至ったしだいでございます。

この合併によりまして、当社はワールドワイドに向け、盤石《ばんじゃく》の備えができたものと存じます。この間、お取引先の方々にはご心配やらご迷惑やらをおかけしましたことを、この場を借りてお詫《わ》び申し上げますとともに、

会社合併の挨拶の組み立て

謝辞 自己紹介を兼ねて、列席への感謝を述べる。

経緯と感謝 合併に至るいきさつと、その間の関係者へのお詫びや感謝を述べる。

内容と抱負 合併の趣旨《しゅし》や内容を述べ、今後の抱負を語る。

結びの言葉 今後への支援を願い、結びの挨拶とする。

ここがポイント

会社合併は、取引先に対する影響が大きいので、安心感を与えることが大切です。合併が取引先にも決してマイナスではなく、今後、むしろプラスに働くことを理解してもらうようにしましょう。

また、新会社の名前をきっちりと覚えてもらうこと、事業内容の変化があれば、簡単に説明することも必要です。

温かく見守っていただきましたことに心よりお礼申し上げます。

内容と抱負

②企業合併でとかく問題になりますのは、大が小を飲み込んで、小のよさが消えてしまうというケースでございますが、両社ともほぼ同じ規模でしたので、対等な形での合併にすることができました。そのため、両方のよさを損《そこ》なうことなく、シナジー効果を発揮《はっき》できるものと存じます。また、いざ合併はしたものの、理念や方法論、または社風の違いから支障を来《きた》す場合もありますが、両社はこれまでも共同プロジェクトを組んだことがしばしばあり、お互いの事情に精通し、気心も知れております。このような理想的な相手と合併できましたことは、TOBによる敵対的買収も珍しくない昨今、まことに喜ばしいことと存じます。幸い、世間にも好感をもって迎《むか》えられ、ありがたい限りでございます。こうした気持ちは社員一同、皆同じでございまして、新会社への不安はなく、これまでにも増して新たな仕事への意欲に燃えております。どうぞ、お取引先の皆様も、これまで通り、安心してお付き合いくださいますよう、お願い申し上げます。

支援要請と結びの言葉

とは申しましても、当面、慣れるまでは多少の不具合が生じるかもしれません。そのような場合は、どうぞ、ご遠慮なく、忌憚《きたん》のないご意見を賜りたく存じます。

今後、新たに誕生いたしました◎◎総合商事をこれまでにも増して、ご愛顧《あいこ》くださいますよう、お願い申し上げます。本日は、お忙しいところ、ありがとうございました。

★バリエーション

この度、新たに設立されました○○社は、企業に関わる環境問題を調査・指導する□□社と、中小企業向けの人材派遣を行っている△△社が合併したものでございます。日本ではまだ比較的珍しい異業種間の合併になります。これまで、主に大企業相手に展開してまいりました環境ビジネスを、中小企業相手にも展開したいということで、今回の合併に至りました。環境問題のプロフェッショナルを中小企業に派遣し、問題解決にあたらせるというもので、新たな事業の発展が期待されます。

ここをチェック！

①どことどこが合併して、何という名前の会社になったのか、はっきりと伝えることが重要です。

②合併によるプラス面をきっちりと述べ、取引先に不安を与えないようにすることが必要です。

話し手
取引先社長（男性）

会社合併披露パーティーでの祝辞 ［来賓］

▼ハードとソフトのゲーム関連会社の合併を喜び、将来に期待する▲

4分

祝辞と自己紹介

この度は、○○ゲーム株式会社の設立、まことにおめでとうございます。私は、◎◎社の久米と申します。心から祝福申し上げるとともに、① 僭越《せんえつ》ながら、取引先各社を代表いたしまして、一言、ご挨拶《あいさつ》をさせていただきたいと存じます。

回顧と合併の経緯

ゲーム業界で、それぞれ持ち味を発揮《はっき》して、順調な業績を上げていらっしゃった、□□ハード社と△△ソフト社が合併なさるというニュースが日本中を揺るがしたのは、未《いま》だ記憶に新しいところでございます。□□ハード社は、他社との熾烈《しれつ》な競争に勝ち抜いて、ゲーム機器がトップシェアを占めていらっしゃいましたし、△△ソフト社は、人気のゲームソフト・シリーズを数多くおもちになり、キャラクター商品の売り上げも伸びていらっしゃいました。しかし、両社の経営陣の方々から伺《うかが》っていたお話では、ハードとソフトを合わせた国内市場は、少子化も手伝って、先行きの売上げもこれまでのようには期待できないということでございました。かてて加えて、これまで鳴りを潜《ひそ》めておりました海外の大手パソコン会社などの攻勢もあり、世界に名だたる日本のゲーム業界もうかうかとはしていられなくなっているそうでございます。こうした両社の共通した思いから、お

会社合併の祝辞の組み立て

祝辞 ＜ 自己紹介を兼ねて会社合併のお祝いを述べる。

回顧と経緯 ＜ 両社の業績を回顧《かいこ》しつつ、合併のいきさつを述べる。

今後への期待 ＜ 合併が、当事者だけではなく、周囲へもよい影響を与え、期待できることを述べる。

結びの言葉 今後の活躍や発展を祈る。

ここがポイント

会社合併にはいろいろな動機がありますが、当事者および周囲に及ぼす合併のプラス面を述べるようにします。しかし、新会社を祝うあまり、前の会社を批判するようなことは避けましょう。いずれにしても、新会社の設立はおめでたいことなので、前向きな話題を探して、期待感を述べるようにします。

結びの言葉 ｜ **今後への期待**

互い、体力のあるうちに合併しようということになったと伺いました。②まさに時宜《じぎ》を得た、鬼に金棒《かなぼう》の合併だと存じ、心よりお喜び申し上げております。

私どもでは、両社とお取引させていただいておりましたが、両社に共通しておりましたのは、非常に活気のある職場だということです。何事につけても反応が早く、打てば響くような快感がありました。異なるところは、□□社がハードを中心とする技術者集団のせいか学者タイプ、△△社はソフトをメインとするアイディア集団のせいか芸術家タイプという感じがいたしました。こうした両社の共通項や相違点が、合併によってどのようなダイナミズムを生み出していくか、非常に興味深く、期待するところ大でございます。パンフレットを拝見させていただきますと、これからの事業展開として、より高精度なハードの製造、中高齢者向けのソフト開発、キャラクター商品の開発、世界市場への売り込みの強化などをあげていらっしゃいますが、こうしたことも両社の合併によって、確実に推進されていくものと存じます。私ども取引先各社も、よりお付き合いを強化させていただき、よりよい仕事をさせていただきたいと思っております。これからも、どうぞよろしくお願いいたします。

最後に、○○ゲーム株式会社が、この合併を機に、ますます発展し、日本のみならず、世界のゲーム業界をリードする企業になられますよう、心よりお祈り申し上げます。本日は、まことにおめでとうございます。

ここをチェック！

①取引先の代表として挨拶する場合は、「僭越ながら」とか「恐縮に存じますが」とか、始めに一言、断りましょう。

②新会社の設立は取引先にとって多少の不安を伴うかもしれませんが、合併に対する不安は決して口にしてはいけません。大いなる歓迎の言葉を述べるようにします。

話し手
社長（男性）

会社創立記念パーティーでの挨拶［主催者］

4分

▼旅行会社設立の経緯を辿り、顧客サービスを誓う▲

謝辞

皆様、本日は、お忙しい中、ようこそお越しくださいました。心よりお礼申し上げます。私が当社を創立いたしましたときには、このように大勢の皆様にご参集いただきまして、創立二〇周年を祝うことになろうとは夢にも思いませんでした。まことに、ありがとうございます。

経緯と回顧

★私は学生時代から気が向くとぶらっと海外を旅行するのが趣味で、卒業後も四、五年は就職もせず、アルバイトで小金を稼《かせ》いではふらふらと海外をさまよう生活を続けておりました。その間、訪れた国は一〇〇か国近くになります。その経験を生かして始めたのが添乗員《てんじょういん》の仕事で、限られたツアーの中にも予定外のちょっとした冒険や体験などをプラスαとして織り込み、お客様に喜んでいただくことを心がけました。

そのうち、お客様から、会社をつくって、どこにもないツアーを組んでほしいというご要望をいただくようになり、蛮勇《ばんゆう》をふるって会社設立に踏み切ったしだいでございます。その際、お客様方が少しずつ出資してくださいました。上場した現在、その方々は当社の株主となっておられますが、その方々には足を向けては寝られないという気持ちでございます。

①当社は、創立当初から、どうしたらプラスαの楽しい旅行をご提供で

創立記念祝賀会の挨拶の組み立て

謝辞 ＜ 経緯と回顧 ＜ 業績と理念 ＜ 今後の抱負 ＜ 結びの言葉

- 謝辞：列席へのお礼の言葉を述べる。
- 経緯と回顧：創立当時からの社の歩みを回顧《かいこ》する。
- 業績と理念：社の業績と理念を述べる。
- 今後の抱負：今後の抱負を述べる。
- 結びの言葉：支援を願い、列席者の健康と繁栄を祈る。

！ここがポイント

創立二〇周年にもなると、それなりの歴史が存在すると同時に、さらなる飛躍を目指す節《ふし》目《め》になります。創立から現在に至るまでを振り返り、将来への抱負を述べるようにします。

また、ここまで育ててくれた関係者への感謝の言葉を忘れないようにしましょう。

業績と理念

きるか、お客様とともに常に考えてまいりました。一般的に、日本のツアーは一週間程度の短い日程で何か国も回り、決まった観光地を訪れるというパターンが多かったのですが、それではその国のよさを理解できません。そこで、原則的に一ツアー一か国に絞るとともに、ツアー日程も二週間を目安に組むようにしました。また、貸し切りバスで回るだけではなく、鉄道での移動、乗馬でのトレッキング、砂漠でのテント宿泊、家庭訪問など、人との触れ合いや体験を生かした旅の工夫をいたしました。幸い、こうした旅のスタイルはご好評をいただき、特にリピーターの方々が年を追って増えてまいりました。①

②当社がここまで発展することができましたのは、こうした当社の旅のあり方を後押ししてくださったお客様、関係者の方々のお陰と感謝いたしております。

今後の抱負

現在、旅行業界は、刻々と変化する世界情勢の中、安全面でむずかしい課題を突きつけられております。また、お客様が旅にお求めになる要素も多様化し、従来のようなツアーでは飽き足りなくなっていらっしゃいます。当社では、すでにいち早くこうした課題に取り組んでおりまして、お客様の安全を第一に、新コースやテーマ別の旅の開拓、個人旅行のサポートなどを行っております。

結びの言葉

どうぞ皆様、これからもご一緒に新しい旅づくりのサポートをしてくださいますよう、お願い申し上げます。最後に、ご列席の皆様のご健勝《けんしょう》とご活躍を心よりお祈り申し上げます。ありがとうございました。

★バリエーション

「禍福《かふく》はあざなえる縄のごとし」と申しますが、まことに人生とは分からないものでございます。当社は、オイルショックの余波を受けた商社をリストラされた私が、仕方なく自宅の一階部分を改装し、日常雑貨を商《あきな》ったのが始まりでした。まあ、家族が何とか食べていければいいぐらいの気持ちでしたから、よい品物をできるだけ安くがモットーでした。幸い立地条件がよく、スーパーマーケットの成長期と重なったこともあり、あれよあれよという間に成長し、売り上げも面白いように伸びてまいりました。気がついたら三〇年経《た》っていた、というのが実感です。

ここをチェック！

①この言葉で、創立時から今日に至るまでの会社の経営方針を理解してもらえるでしょう。

②関係者の協力や支援あっての創立二〇周年であることをアピール。

話し手
取引先社長（女性）

会社創立記念パーティーでの祝辞

▼経営者の苦労をねぎらい、その仕事ぶりを評価する▲

【来賓】 4分

祝辞と自己紹介

本日は、創立二〇周年記念、まことにおめでとうございます。ただいまご紹介にあずかりました△△社の篠田でございます。このような盛大なパーティーでご挨拶《あいさつ》させていただきますことを大変、光栄に存じます。

経緯と回顧

①私どもの会社が、○○社に人材派遣《はけん》サービスをお願いするようになりましたのは、かれこれ一五、六年前になりますでしょうか、受付係をお願いしたのが最初でしたが、いらっしゃるお客様、いらっしゃるお客様に大変評判がよく、「会社の好感度がアップしましたよ」と、よくお褒《ほ》めの言葉をいただいたものです。これは、よほど教育が行き届いている会社に違いないと思いましたが、伺《うかが》えば、佐伯社長はN航空会社の客室乗務員、後輩の教育係として、会社の信頼が厚く、その後、○○社を設立なさって、新入社員の教育プログラムや人材派遣サービスを行うようになられたとのこと、なるほどと思ったしだいでございます。

★とは申せ、当初は、佐伯社長自ら営業に回られても、三〇代の女性の会社ということで、なかなか信頼を得られず、苦労なさったと伺いました。そういう困難な状況をどう打開なさったのか、同じ女性として関心がありましたので、お聞きしましたら、②「仕事というのは、最終的には人間

創立記念祝賀会の祝辞の組み立て

祝辞 自己紹介を兼ねて、記念式典を祝い、招待へのお礼を述べる。

＜

経緯と回顧 創立のいきさつや社歴を回顧《かいこ》し、称賛する。

＜

業績と理念 会社の業績を通して、社業・社風を称賛する。

＜

結びの言葉 今後への期待を述べ、挨拶を結ぶ。

ここがポイント

創立二〇周年というのは、人間でいえば成人にあたり、重要な節目《ふしめ》にあたる年です。その点を踏まえて、会社の創立以来の業績を称《たた》えるとともに、将来への期待を強調するとよいでしょう。かといって、堅い話にならないように、誰《だれ》にでも分かるエピソードなどを交えるとよいでしょう。

業績と理念

と人間の問題だと思いますので、誠心誠意、お話をして、お相手を理解し、私という人間を理解していただくように努めました」とのこと、当時、私も総務という仕事柄、大いに共感したことを覚えております。

それ以降の○○社の発展ぶりには目を見張るものがございます。一般職のみならず、マーケティングやコンピュータのプログラマーなど専門職の派遣も行うようになられましたが、人間をご覧になるという佐伯社長の理念を裏切ることなく、○○社から派遣される方々には間違いがないという伝説めいたものまで生まれました。私どもの会社でもさまざまな分野の仕事の方をお願いいたしましたが、人間的にも仕事の面でも安心してお任せできる方ばかりでした。○○社および佐伯社長の人間をご覧になる目の確かさには、当社もどれほど助けられたことでしょうか。改めてお礼を申し上げます。

期待と結びの言葉

しかしながら、一九九九年には規制緩和が進みまして、派遣可能な業務が原則的に自由化され、競争も激しくなってきているように存じます。また、大手では、早くも世界をターゲットに派遣業務を広げていることも伝え聞いております。今後、人材派遣会社がどうあるべきか、どのような方向に向けて進化していくか、いろいろ課題も多いことと存じます。③しかし、御社《おんしゃ》および佐伯社長なら、必ずやこれもチャンスとして、さらなるご発展を遂げられ、三〇周年、四〇周年を迎《むか》えられることと存じ、大いに期待しております。本日は、本当におめでとうございます。

★バリエーション

○○社の創業者、柴田祥司氏は立志伝中の人物として知られておりますが、「度量が広い」という言葉がピッタリくる方です。私が初めて柴田氏にお目にかかりましたのは、二〇代のひよっこのときで、若気の至りで強引な営業活動をしてしまったのです。今にすれば何て無礼なやつだったろうと思いますが、柴田氏は終始にこやかに応対して、それは駄目だけれど、こうしたらどうだろうと、もう一度考えるチャンスを与えてくださったのです。

ここをチェック！

①このように、具体的なエピソードをあげて褒めると、真実味が増し、説得力があります。

②経営者が語った言葉をそのまま引用することで、会社の理念を伝えてあげることができます。

③三〇周年、四〇周年を語ることで、相手に対する期待感を表現します。

話し手
店長（男性）

開店記念パーティーでの挨拶［主催者］

▼一〇周年を感謝し、今後の支援を願う▲

2分

謝辞と自己紹介	開店の経緯と店の特色	結びの言葉

本日は、開店一〇周年記念にあたり、このように多くの皆様にお越しいただき、まことにありがとうございます。店長の松山でございます。

開店当時は、あまり日本に馴染《なじ》みのないイングリッシュ・パブに親しんでいただけるか、多少、心配したのは確かでございます。しかし、それが杞憂《きゆう》に終わり、ここに一〇周年を迎《むか》えられましたことは、本当に喜ばしい限りでございます。それも偏《ひとえ》に皆様のお陰と感謝申し上げます。当店は、イギリスにいらしたことがある方々から「本場にそっくりだね」とおっしゃっていただいているように、インテリア、調度とも本場の雰囲気《ふんいき》づくりに努めましたが、私が何よりも大切にしたのは本場の心です。仕事帰りにぶらっと立ち寄って、ビール片手に顔馴染みとひとときの語らいを楽しんでいただく、そういう寄り合いの場にしていただきたかったのです。うれしいことに、一〇年の間に顔馴染みのお客様が増え、ここでお客様同士、新たな友情を育《はぐく》まれた方も多いと伺《うかが》っております。

どうぞ皆様、これからも当店をご愛顧《あいこ》いただき、お客様同士、お付き合いの環《わ》を広げてくださいますようお願い申し上げます。さあ、今日は黒ビールやおつまみがサービスになっております。存分に楽しんでください。

開店記念祝賀会の挨拶の組み立て

謝辞
自己紹介と列席への感謝を述べる。

＜

経緯と特色
開店のいきさつと店の特徴を述べ、ご愛顧を感謝する。

＜

結びの言葉
今後への支援を願い、結びの挨拶にする。

ここがポイント

店舗の経営は栄枯盛衰《えいこせいすい》の激しい世界です。一〇周年を迎えるというのは、うれしいことですが、それなりの苦労もあるものです。そのあたりの苦労話をユーモアを交えて話すと、共感や親しみをもってもらえます。

ヒント

記念品を用意する
挨拶だけでなく一〇年間のご愛顧を感謝して、記念品を配ったり、飲食のサービスをしても。

話し手
取引先部長（女性）

開店記念パーティーでの祝辞

［来賓］

▼一〇周年記念を祝福し、店長の経営手腕を称賛する▲

2分

結びの言葉	開店の経緯と店の特色	祝辞と自己紹介

本日は、ブティック○○の開店一〇周年、心よりお祝い申し上げます。私は、お取引いただいております△△社の川端と申します。

落ち着いた住宅街を控《ひか》える駅前のビルに、ハイセンスなマダム向きのブティック○○がオープンしたときの第一印象は、場所選び、店構え、品揃《しなぞろ》え、どれをとりましても、なんて見事なビジネス・センスかしら、ということでした。また、一般的に、ブティックの成否は店長さんしだいといっても過言ではありませんが、その点、西城店長は、控えめな中にも、どこか人を惹《ひ》きつけて離さない魅力的なお人柄のうえ、真摯《しんし》な努力を厭《いと》わない方です。そのとき、これは、きっと住宅街の奥様方に人気のブティックになるだろうなと思いました。僭越《せんえつ》ながら、私の目に間違いはなく、今や西城店長ご自身がカリスマ店長となられて、雑誌などにも紹介される人気のブティックになっています。かなり遠方からもお客様がお見えになると伺《うかが》っておりますが、さもありなんと存じます。

ブティック○○は、当社にとりましても長くお取引いただきたい大切なお店です。どうぞ、末永くお客様に愛されるお店であり続けてください。

本日は本当におめでとうございます。

開店記念祝賀会の祝辞の組み立て

祝辞：自己紹介を兼ねて、一〇周年を祝う。

＜ 経緯と特色：開店のいきさつと店の特色を述べ、称賛する。

＜ 結びの言葉：今後の発展を祈り、結びの言葉とする。

ここがポイント

店舗の紹介では、どんな特色をもった店であるかを、改めてきちんと説明するようにします。

また、店舗の場合、経営理念以外にも店長のキャラクターが重要なポイントになります。店や商品に加えて、店長のキャラクターの魅力を取り上げて褒《ほ》めてあげるとよいでしょう。

ここをチェック！

この言葉によって、相手方をいかに大切に考えているかを伝えることができ、効果的なエールとなります。

話し手
社長（男性）

社屋落成式での挨拶［主催者］

▼念願の社屋落成を報告し、関係者に感謝する▲

4分

謝辞

本日は、ご多忙中にもかかわらず、弊社《へいしゃ》の新社屋落成式にご来席賜《たまわ》りまして、まことにありがとうございます。皆様のお陰で、このような盛会になりましたことを心よりお礼申し上げます。

建設の意図と経緯

★弊社は、創立三〇周年を迎《むか》える出版社でございまして、当初は、文芸雑誌を中心に文学書を出版しておりましたが、その後、一般書、女性誌や男性誌、文庫本、新書など多岐《たき》にわたる出版に携《たずさ》わるようになりました。そもそもが小さな社屋でスタートいたしましたので、当然ながら発展に伴って手狭《てぜま》になり、近辺のビルをあちこち借り受け、やりくりしてまいりました。そのため、仕事の効率も悪く、また、お客様や執筆者の方々、お取引先にもご迷惑をおかけし、心苦しく思っておりました。

ですから、この度、念願叶《かな》って新社屋を建設し、全社員が一緒になることができまして、ほっと一安心しますとともに、これも長い間の皆々様のお引き立てがあってこそと、深く感謝申し上げるしだいでございます。

ご覧のように、七階建ての新社屋は、二一世紀における前進を後押しするかのような近未来的な外観のインテリジェント・ビルです。出版社は情報発信の一翼《いちよく》を担《にな》うものであるという気概《きがい》を込めて、最新の通信設備、膨

社屋落成式の挨拶の組み立て

謝辞 ＜ 建設の経緯 ＜ 建物の特徴 ＜ 結びの言葉

- **謝辞**　列席への感謝を述べる。
- **建設の経緯**　新築・立て替えの経緯や理由を述べる。
- **建物の特徴**　建物の特徴や設計者について述べる。
- **結びの言葉**　今後の抱負を述べ、支援を願い、挨拶を結ぶ。

ここがポイント

社屋の落成式は、会社の行事の中でもとりわけ大きなイベントです。活気に溢《あふ》れたスピーチになるように心がけましょう。

特に、建物の紹介は式のハイライト部分ですから、特徴や設計者についてしっかりとPRしておきます。また、お客様にとってのメリットについても一言、触れておくと喜ばれます。

改築の場合は、前の建物との違い、特によくなった点を取り上げて述べるとよいでしょう。

建物の設計と特徴

大な資料やデータを集めたデータベース、図書館、試写室などを備えました。一方で、自由で豊かな創造力を育《はぐく》む場でありたいという気持ちから、屋上庭園や一、二階吹き抜けの屋内庭園など、緑を多く設け、お客様や社員が心を休め、英気を養うことができる空間にいたしました。

これらの、いわばハードとソフト、二つのコンセプトを、これ以上はない理想的な形で設計してくださったのが、当代きっての建築家でいらっしゃる橘謙二先生でございます。

先生には、弊社の雑誌にご執筆いただいたり、ご著書も何冊か出されており、常日頃より先生の作品のすばらしさに接しておりましたので、お願いするなら先生にと勝手に決めておりました。お話ししましたら、ほかにも大きなプロジェクトを抱えていらっしゃるにもかかわらず、快《こころよ》くお引き受けくださり、本当にうれしく存じました。改めて、橘先生や、建設工事に携わってくださいました△△工務店、そのほかの関係者の方々ひとりひとりに心からのお礼と感謝を申し上げます。

今後の抱負と結びの言葉

このようにすばらしい新社屋を生かすのは、私ども社員全員の責任で、そのためには、これまでにも増して、よい本を出版し、よいサービスをご提供するとともに、皆様に喜んでいただける新たな仕事の開拓《かいたく》に挑《いど》んでまいりたいと存じます。どうぞ、皆様、これまでと変わらぬ温かいご支援、ご鞭撻《べんたつ》を賜りますよう、お願い申し上げます。本日は、足をお運びくださいまして、本当にありがとうございました。

★バリエーション

■新工場落成披露

私どもでは、以前から今後の社の発展を期しまして、新しい事業展開を考えておりました。工場の設備投資は、生産性、品質向上等にも関わる、非常に重要な要素です。当社でもたびたび、新しい機械設備を導入してまいりましたが、この度の導入に伴い、工場も新しく建て直しました。いちばん大きな理由は、生産拡大で、生産量および製品の種類を増やします。もう一つは合理化です。拡大の一方で、製品の見直しを……。

話し手
取引先専務（男性）

社屋落成式での祝辞【来賓】

▼満を持しての新社屋落成を喜び、内容の充実ぶりを称賛する▲

4分

祝辞と自己紹介 ｜ 建設の経緯と意図

この度は、新社屋の落成、まことにおめでとうございます、また、本日、このような盛大な式典にお招きいただき、ありがとうございます。私は、お取引いただいております△△社の柴田と申します、僭越《せんえつ》ではございますが、ご指名により一言、お祝いのご挨拶《あいさつ》をさせていただきます。

○○製薬は、大手製薬会社と比べると、歴史的には後発であるにもかかわらず、創業以来、非常に優れた医薬品を製造する良心的な会社として世評に高いことは、ご列席の皆様もご存じのことと思います。その背景には、製品製造の拠点である研究所や工場に対する並はずれた設備投資があります。その充実ぶりは、大手を凌駕《りょうが》するほどですが、その分、本社社屋は後回しにされたとのことです。それが、この度、満を持しての新社屋落成、本当に喜ばしいことと存じます。

過日、星山社長とゴルフでご一緒させていただいた機会にお伺《うかが》いしましたところ、本社関係の社員は、老朽化《ろうきゅうか》して使い勝手もいいとはいえない建物にもかかわらず、文句一ついわず、本当によく働いてくれた、だから、新社屋は、社員の希望を聞いて、できるだけその希望を設計に生かすようになさった、とのことでした。それが何であるかは、建物をご覧になった

社屋落成式の祝辞の組み立て

祝辞　招待へのお礼と落成のお祝いを述べる。

＜

建設の経緯　建設のいきさつや意図を述べる。

＜

建物の特徴　建物の特徴を述べ、称賛する。

＜

結びの言葉　今後への期待を述べ、発展を祈る。

ここがポイント

建物の落成を祝う場合、建物そのものを称賛することはもちろんですが、会社の業績や経営姿勢あっての社屋落成ですから、その点もきちんと取り上げて褒《ほ》めてあげるとよいでしょう。

建物については、分野違いのゲストなら、専門的である必要はありません。見た目で、素直な感想を述べればいいでしょう。

建物の特徴と称賛	今後への期待と結びの言葉

皆様にも、よくお分かりのことと存じます。

★先ほどご案内いただきまして、真っ先に目につきましたのが、非常に清潔感があって明るいことです。これは旧社屋が重厚感はあったものの暗いイメージをぬぐえなかったという意見を反映なさったとのことです。以前、デスクや什器《じゅうき》が混み合っていた空間も、社員の方々のご要望に従い、以前とは比べものにならないくらい広々として、ゆとりが生まれています。設備面についても、最新の電子機器の導入はもちろんのこと、各階、各スペースごとに調節ができる空調設備、温水洗浄便座トイレ、セルフサービスのカウンターキッチンなど水回りに至るまで配慮が行き届いています。また、健康面に留意したメニュー豊富な社員食堂、観葉植物や花壇の緑に加えて、酸素カプセルが備え付けられた休憩室《きゅうけい》、休日も自由に利用できるプールを備えたフィットネス・ジムなど、これまでなかった福利厚生面の設備が充実しています。さすが、製薬会社、社員の心身両面の健康に留意していらっしゃるな、と感心いたしました。

これでしたら、社員の方々もさぞかし気持ちよく仕事がおできになることでしょう。と同時に、私どもも御社《おんしゃ》にお伺いするのが楽しみになりそうな気がいたします。新しくなりました、このすばらしい社屋を舞台に、これから先、どれほどすばらしいお仕事が展開されることでしょう。御社のますますの発展を願ってやみません。本日は、まことにおめでとうございます。

★ バリエーション

■社屋改築落成披露

先ほど一通り、社内をご案内いただきましたが、「えっ？　これがあの社屋か」と正直、びっくりいたしました。まるで、新築のように見えたからです。細かい間仕切りが取り払われたせいでしょうか、ゆったりとして開放感が生まれました。生《き》なりに統一された空間、夏はブルー系、冬はオレンジ系の間接照明、イタリア製の什器類とも大変お洒落《しゃれ》で、すっかりモダンで機能的なオフィスに変身して、前のオフィスが思い出せないほどです。

♡ マナー

祝賀会のお祝いは
出席の場合…前日または当日、熨斗袋《のし》に「お祝い」と記して、現金または品物を贈ります。
欠席の場合…花などを届けたり、祝電を打つようにします。

話し手
司会・幹事（男性）

受勲祝賀会での挨拶［主催者］

▼企業人である傍ら、社会に貢献した受勲者を称える▲

2分

祝辞と謝辞	功績と経緯	期待と結び

本日は、○○自動車の北村社長の旭日章《きょくじつしょう》受勲《じゅくん》祝賀会に、かくも大勢の方々にお集まりいただき、まことにありがとうございます。幹事を務《つと》めさせていただきます△△株式会社の白石と申します。

北村社長、この度の受勲、まことにおめでとうございます。

北村社長は長年、自動車業界の先頭に立って業界の発展に尽くされてきましたが、それのみならず、広く社会貢献《こうけん》にも力を注いでこられました。その一つが、交通事故の遺児のための育英資金の設立でございます。これは、まだ一社員時代のことで、ほかの自動車会社にも呼びかけ、豊かな財源を確保されました。そのときの熱血漢ぶりは今でも語りぐさになっております。また、サッカーの○○自動車杯を発案され、サッカーの振興《しんこう》に努められたのも北村社長でした。当時はプロチームも存在せず、それほど人気が高いスポーツではありませんでした。今日のサッカーの隆盛をみると、その先見の明には脱帽《だつぼう》のほかありません。

北村社長が、社会のさまざまな分野で顕著《けんちょ》な功績を上げた人に贈られる旭日章を受勲されたことは、私ども業界にとりましても大変、名誉なことと存じます。北村社長のますますのご活躍をお祈り申し上げます。

ここがポイント

司会や幹事の立場から、来席へのお礼と受勲者への祝辞を述べます。

また、どういう功績で受勲したかは誰《だれ》もが知りたいことですから、分かりやすく、具体的に述べるようにします。

功績に絡めて、受勲者の人柄にも触れると、受勲への理解がより深まるでしょう。

また、勲章の名称や内容は間違えやすいので、ミスのないように十分注意をしましょう。

受勲祝賀会の挨拶の組み立て

祝辞と謝辞
受勲者との関係を自己紹介し、来席へのお礼と同時に祝辞を述べる。

＜

功績と経緯
受勲の内容、経緯を述べ、人柄を紹介する。

＜

結びの言葉
受勲を称《たた》え活躍を祈る。

話し手
取引先役員（男性）

受勲祝賀会での祝辞【来賓】

▼画期的な技術開発を行い、世界に飛躍した先達を称える▲

2分

祝辞と自己紹介	功績と経緯	期待と結び

本日は、井形社長の瑞宝章《ずいほう》受勲《じゅくん》の祝賀会にお招きいただき、まことに光栄に存じます。私は、△△電機の浜崎と申します。僭越《せんえつ》ながら皆様を代表して、お祝いのご挨拶《あいさつ》をさせていただきます。

皆様ご存じのように、井形社長が経営なさっている○○精密電子機器株式会社は、規模は中堅ながら、NASAの宇宙開発事業にも、その製品を使用されるなど、世界の最先端で活躍してきました。井形社長は豊かな発想力と技術力に恵まれた方で、三〇年前、小さな町工場を設立なさったそもそものはじめから、社長自らが先頭に立って、画期的な発明や技術開発を行い、数多くの特許もとっていらっしゃいます。そうした実績と呼応して会社も飛躍的に発展し、今や世界の企業や最先端のプロジェクトから注文が絶えないと伺《うかが》っております。まさに、技術立国日本の面目躍如《めんもくやくじょ》たるものがあり、私どもも大変、誇《ほこ》らしく、世界に向かって胸を張りたい気持ちでございます。

この度、井形社長の長年にわたる技術開発への貢献《こうけん》が、瑞宝章受勲という形で実を結びましたことは、まことに喜ばしいことで、今後とも、新しい技術の開発に力を注いでくださいますようお願い申し上げます。

受勲祝賀会の祝辞の組み立て

祝辞　自己紹介をし、受勲を祝う。
＜
功績と経緯　受勲の内容、経緯を述べ、称賛する。
＜
結びの言葉　受勲を称《たた》え活躍を祈る。

メモ

勲章の種類
菊花章《きっか》　日本最高位の勲章。大勲位菊花章頸飾と大勲位菊花大授章があります。
桐花章《とうか》　旭日大授章、瑞宝大授章にふさわしい人のうち、功労の優れた人に授与。
旭日章《きょくじつ》　社会のさまざまな分野で顕著な功績を上げた人に授与。
瑞宝章《ずいほう》　公共的な業務に長年従事して、成績を上げた人に授与。
文化勲章　学術や芸術など文化にめざましく貢献した人に授与。
宝冠章《ほうかん》　皇族の子女および外国人女性への儀礼として授与。

話し手
司会・幹事（男性）

受章祝賀会での挨拶［主催者］

▼オーケストラを通じ、教育界に貢献した教師を称える▲

2分

祝辞と謝辞

本日は、福沢先生の藍綬褒章《らんじゅほうしょう》受章祝賀会にご参集賜《たまわ》り、まことにありがとうございます。司会を仰《おお》せつかりました同僚の井口と申します。改めまして、福沢先生、この度の受章を心よりお喜び申し上げます。

功績と経緯

福沢先生は、教師になられて以来、一貫して、中学生のオーケストラの育成に尽力されてきました。なぜオーケストラなのか、とお尋《たず》ねしたとき、福沢先生は、ほかの楽器の音色の違いに耳を傾け、全員が協力して一つの音楽を創《つく》り上げていくオーケストラの演奏を通じて、社会においてもお互いの個性を尊重し、協力し合うことの大切さを学んでほしいのだとおっしゃいました。また、先生の指導は妥協を許さない本格的なもので、途中での脱落も許しませんでした。きっと、どんなに苦しくても途中であきらめるな、といいたかったのだと思います。その甲斐《かい》あって、毎年一回の演奏会はプロも注目する見事なものでした。また、このオーケストラ活動を通じて、立ち直り、成長した子がどれほど多かったことか。のちに音楽家になった子も少なからずいます。

結びの言葉

今回、教育界における先生の長年の活動が認められ、晴れの受章になられたことはうれしい限りで、皆様とともに心からお祝い申し上げます。

受章祝賀会の挨拶の組み立て

祝辞と謝辞
司会や幹事の立場から、来席へのお礼と受章へのお祝いを述べる。

＜

功績と経緯
受章の経緯と内容や人柄を述べる。

＜

結びの言葉
お祝いの言葉をほかの人にも呼びかけて、祝辞を結ぶ。

ここがポイント

司会、幹事の場合は、来席者へのお礼と受章者へのお祝いの両方を述べる必要があります。

受章の経緯や功績については、美辞麗句を並べ立てるのではなく、誰《だれ》もが分かるように具体的に述べるとよいでしょう。

受章の種類や内容は間違えないように、事前にきちんと調べておきましょう。

ここをチェック！

褒章の名称は間違えないように、事前にチェックしましょう。

話し手
取引先部長（男性）

受章祝賀会での祝辞［来賓］

▼歌人として受章した会社経営者を称える▲

2分

祝辞と自己紹介	功績と経緯	結びの言葉

望月社長、この度の紫綬褒章《しじゅほうしょう》の受章、まことにおめでとうございます。△△広告社の江口と申します。古くからのお付き合いということで、僭越《せんえつ》ながら、一言、お祝いの言葉を述べさせていただきたいと存じます。

望月社長は、学生時代から歌人として将来を嘱望《しょくぼう》されていた文学青年で、一時は歌一筋に生きようとなさったようですが、洋酒会社を経営されていた父上が亡くなられ、急遽《きゅうきょ》、会社を引き継がなければならなくなりました。天はまれに二物をお与えになるものでございます。望月社長は経営手腕《しゅわん》にも恵まれ、業界第三位の会社を第一位までになさったのです。しかも、実業界で成功なさる一方で、歌の道を忘れることなく、ずっと詠《よ》み続けられました。そして、これまでに何冊もの歌集を出版され、さまざまな短歌賞や文学賞を受賞されるなど、短歌界でも大活躍なさっていらっしゃいます。特に、選者として編纂《へんさん》に関わられた「平成千人一首」は後世に残るものとして、高い評価を得ています。

このような望月社長の短歌界における業績が認められ紫綬褒章を受章なさったのは、本当にすばらしいことと存じます。これからも短歌界、実業界の二つの世界でのいっそうのご活躍を心よりお祈り申し上げます。

受章祝賀会の祝辞の組み立て

祝辞　自己紹介を兼ねて、受章のお祝いを述べる。
＜
功績と経緯　受章の理由や人柄について述べる。
＜
結びの言葉　今後の健康や活躍を祈って、祝辞を結ぶ。

メモ

褒章の種類

紅綬褒章《こうじゅ》　自己の危難を顧みず、人命救助した人に授与。
緑綬褒章《りょくじゅ》　自ら進んで社会に奉仕する活動に従事し、徳行顕著な人に授与。
黄綬褒章《おうじゅ》　業務に精励し、衆民の模範になった人に授与。
紫綬褒章《しじゅ》　学術、芸術上の発明、改良、創作に関し、事績顕著な人に授与。
藍綬褒章《らんじゅ》　公衆の利益を興し成績著明な人や、公同の事務に勤勉し労効顕著な人に授与。
紺綬褒章《こんじゅ》　公益のため私財を寄付し、功績顕著な人に授与。

話し手
社長（男性）

永年勤続表彰式での挨拶【主催者】

▼勤続三〇年の社員の労をねぎらい、感謝する▲

2分

祝辞	表彰の意義と理由	期待と結び

本日、勤続三〇年の永年勤続表彰をお受けになる皆さん、おめでとうございます。皆さんを表彰できることは、この上ない喜びであり、また、心から「ありがとう」と、感謝の言葉を贈りたいと思います。

皆さんが入社されたのは、創立間もないころで、会社もまだ海のものとも山のものともつかない厳しい状況下にありました。そんな中で、皆さんはそれぞれの仕事の分野で本当に一生懸命《けんめい》働いて、会社の基礎づくりに貢《こう》献《けん》してくれました。その後、いいときも悪いときもありましたが、奢《おご》らず腐《くさ》らず、常に会社の中枢《ちゅうすう》となって、もてる力のすべてを発揮《はっき》し、真摯《しんし》に働いてくれたのです。そうした皆さんの仕事に対する姿勢は後進にも大きな影響を与え、当社のカラーとなっております。会社が今日あるのも皆さんに負うところ大で、まさに皆さんは会社の歴史そのものであります。同時に、新しい歴史をつくる原動力として、私ども経営陣や社員一同、これからも皆さんに期待しております。

皆さんの長年の功績に報《むく》いるには、ささやかにすぎますが、ここに記念品と金一封を贈呈いたします。今後とも健康に留意して、永年勤続年数を積み重ねてくださるよう、私からも切にお願いします。

勤続表彰式の挨拶の組み立て

祝辞
祝辞を述べ、永年の労をねぎらう。

＜ **意義と理由**
表彰の意義、理由を述べ、その功を称《たた》える。

＜ **期待の言葉**
感謝とともに、今後の活躍を期待する。

＜ **結びの言葉**
結びの挨拶をする。

ここがポイント

永年勤続表彰式は、それだけの社歴があり、社員の定着率もいいということで、会社にとっても自慢できる事柄です。誇《ほこ》りをもって表彰しましょう。また、社員の労をねぎらうのはもちろん、どのように貢献してくれたかを、具体的に述べて感謝しましょう。

ここをチェック！

ご苦労様というよりも、ありがとうという感謝の気持ちを伝えます。

話し手 表彰社員（女性）

永年勤続表彰式での謝辞

▼勤続三〇年を振り返り、会社や同僚に感謝する▲

2分

謝辞	回顧と心境	抱負と結び

本日は、このように盛大な永年勤続表彰式をしていただきまして、本当にありがとうございます。いつの間にか、三〇年も経《た》ってしまっていたのかと思いますと、大変、感慨《かんがい》深いものがございます。

私が入社いたしました当時は、まだ男女雇用機会均等法も成立していないときで、女性が働き続けるというのは、なかなかむずかしいことでした。私は希望通り、営業の仕事に配属されましたが、もっぱら男性社員の手伝いに終始しておりました。私は人と触れ合うことができる営業という仕事に魅力を感じておりましたので、ぜひやらせてほしいと願い出たのです。最初は前例がないということで聞いてもらえませんでしたが、私のあまりの攻勢に音《ね》を上げたのでしょうか、やってみろ、ということになったのです。しかし、私が考えた以上に大変な仕事で、何度も挫折《ざせつ》しかかりました。それを励《はげ》まし、サポートしてくれたのは、最初は反対した会社側であり、敬遠気味だった同僚男性でした。会社の懐《ふところ》の深さと同僚の皆様の思いやりなくしては、今日の私はありませんでした。

そうした皆様のご恩に報《むく》いるべく、また気持ちを新たに仕事に邁進《まいしん》してまいりたいと存じます。どうか、これからもよろしくお願いいたします。

勤続表彰式の謝辞の組み立て

謝辞　表彰を受けたことへのお礼の言葉を述べる。

＜

回顧と心境　永年勤続ができた理由や会社への感謝、現在の心境などを述べる。

＜

抱負の言葉　表彰を感謝し、今後の抱負を述べる。

＜

結びの言葉　協力を願い、挨拶を結ぶ。

ここがポイント

永年勤続ができたのは、決して自分ひとりの力ではなく、会社の理解や度量、同僚の支援や協力があったことを述べ、感謝を表すようにしましょう。

ここをチェック！

謙虚な気持ちで会社や同僚に感謝する気持ちが大切です。

乾杯の挨拶例

組み立てとポイント

一般に、乾杯の挨拶は長いのは禁物《きんもつ》です。一分ぐらいでまとめるようにします。長くなる場合には、「一言ご挨拶申し上げます」と断りましょう。乾杯は、いったん胸のあたりに持ったグラスを目の高さまで掲げて唱和し、一口含みます。

①**出だしと自己紹介**…「ご紹介にあずかりました…」などで切り出し、その場に応じて姓名、会社名や部署、会合や主賓との関係など述べる。

②**お祝いの言葉**…結婚式、受賞式、記念式、落成式など会合の種類に応じて、お祝いの言葉を述べる。

③**唱和のお願いとお礼**…「乾杯！」の言葉の唱和をお願いし、終わったら唱和に対するお礼を述べます。

▼祝賀会での乾杯

●ただ今ご紹介にあずかりました○○社の柴田でございます。ご来席の諸先輩をさしおきまして、はなはだ僭越《せんえつ》ではございますが、ご指名により乾杯の音頭《おんど》をとらせていただきます。

皆様、グラスのご用意はよろしいでしょうか。それでは、この度の岡田社長の受勲《じゅくん》をお祝いし、いっそうのご活躍をお祈り申し上げて、「乾杯！」

ご唱和、ありがとうございました。

▼会合での乾杯

●IT企業隆盛の中、当懇親会も年ごとに顔ぶれが増え、うれしい限りですね。私は、○○ソフト技術部の関口です。能力ではなく、大声を買われたとのことですが、幹事から乾杯の音頭をご指名いただき、大変光栄です。

われわれの業界の引き続いての繁栄とともに、新たなる発展をも祈念《きねん》して、乾杯をさせていただきます。皆さん、グラスをどうぞ。「乾杯！」

▼歓迎会での乾杯

●総務部の近藤です。皆さん、入社おめでとうございます。社長や諸先輩から励《はげ》ましの言葉をいただき、少し緊張していることでしょう。ここからはリラックス・タイムとなりますから、ご安心を。その前に、皆さんの今後の活躍を祈って、まずは乾杯をいたしましょう。輝かしい未来に「乾杯！」

▼招待旅行での乾杯

●皆さん、温泉や温泉街の散策は楽しまれたでしょうか。長い挨拶は料理をまずくするだけですので、早速《さっそく》乾杯とまいりましょう。皆々様および当社の繁栄を願いまして、「乾杯！」

第3章

会社イベントのスピーチ

顧客や取引先に向けたイベントには、
仕事に直結する催しと親睦のための催しがあります。
互いに支え合う関係を強化するのがねらいですから、
相手に感謝し、信頼する気持ちを表しましょう。
業界情報や意見を交換し合うことも有意義です。

会社イベントのスピーチのポイント

◎発表会・展示会での挨拶

新製品の発表会や展示会は、会社の売り上げや発展にも結びつく大切なイベントです。うまく成功に導くような挨拶を心がけましょう。

まず、基本の挨拶は、①業界の動向や会社の現状について簡単に触れる。②新製品や製品についての正確な情報を伝え、その魅力を理解してもらう。③そのうえで、賛同をしてもらい、ご愛顧《あいこ》を得ることです。

製品についての説明では、参加者が同業者の場合は別にして、あまり専門用語を駆使《くし》せず、分かりやすい説明を心がけましょう。また、開発の苦労話など、エピソードを交えて

新製品発表会の挨拶の組み立て・基本型

列席へのお礼	会社の歩み	開発の経緯	新製品の紹介	結びの言葉
新製品の発表会への列席に対し感謝の言葉を述べる。	新製品開発に至るまでの会社の歩みを簡単に述べる。	開発の動機や経緯、苦労などについて、エピソードなどを交えて述べる。	新製品のコンセプトや特徴、セールスポイントなどを分かりやすく紹介する。	新製品についての支援を願う。
皆様、本日はご多忙中にもかかわらず、弊社《へいしゃ》の新商品○○の発表会にご出席いただきまして、まことにありがとうございます。	当社は、日本草分けのウイスキーメーカーとしてスタートし、今ではあらゆる種類のアルコール飲料や清涼飲料を販売しております。……	人間のからだは、成人では六〇%が水分といわれ、水が人間の健康に果たす役割には大きいものがあります。ミネラルウォーターの売れ行きにみるように、消費者の水に対する関心も強く、私どもでも力を入れている分野です。……	今回、私どもが発売いたしますのが飲料用天然温泉水で、数年かけて飲料に適した新しい温泉源を開発し商品化したものです。塩素のない安全な温泉水で、ミネラルや天然活性水素を多量に含み、免疫《めんえき》力を高める効能があります。……	この商品のおいしさや効能をご理解いただき、皆様にお勧めいただければ幸いです。……

話すようにすると、手前みそにならず、楽しく聞いてもらえます。

◎招待懇親会、交流会での挨拶

顧客懇親会や交流会は、招待する側、招待される側双方にとって、親《しん》睦《ぼく》をはかり、情報を交換する場ですから、和《なご》やかで楽しい雰囲気《ふんいき》の挨拶が大切です。

特に、招待する側にとっては、日ごろの協力やご愛顧に感謝することが主な目的ですから、まず感謝の言葉から始め、会を盛り上げるようにしましょう。挨拶のあと、宴会や会食などが続く場合は、挨拶は短めに切り上げるようにします。

招待された側にとっては、主催者との結びつきを確認し、強める機会ですから、歓待に感謝をもって応《こた》え、また、相手を称《たた》える挨拶を心がけましょう。

招待懇親会の挨拶の組み立て・基本型

招待へのお礼	自己紹介	業界や会への感想	結びの言葉
懇親会招待への、また世話になる会長や幹事へのお礼を述べる。	自己紹介をし、業界や会との関係を説明する。	業界や会についての感想、また入会にあたっての抱負や決意を述べる。	今後の支援や指導を仰《あお》ぎ、会の発展を祈る。
この度は、この栄《は》えある懇親会の末席に加えていただくことになりまして、大変うれしく存じます。入会にあたり、お世話くださいました会長や幹事の方々に心より感謝申し上げます。	私は、○○保険代理店△△の藤村と申します。三年ほど前、亡父の後を不肖《ふしょう》私が引き継がせていただきました。他業からの転身のため仕事を覚えるのに忙殺《ぼうさつ》され、ようやく皆様と席を交えても恥ずかしくないまでになったしだいです。	日本は、世帯あたりの支払い保険料が高く、世界有数の保険大国といわれておりますが、生保、損保の相互乗り入れや外資系保険会社の参入により、非常に厳しい状況にあることは身をもって感じております。その中でも○○保険は新商品の開発や顧客《こきゃく》サービスで一頭《いっとう》地を抜いているようで、頼もしく存じます。私もこの機会に皆様とご一緒に勉強させていただき、業界やお客様のお役に立ちたいと思っております。…	こうして会の先輩の皆様から貴重なご意見や情報を伺《うかが》えますことを感謝しております。どうぞ、今後ともよろしくお願い申し上げます。

話し手
社長（男性）

新製品発表会での挨拶①【主催者】

▼システム・バスの新発売を発表し、その付加価値を宣伝する▲

4分

会社の歩み	謝辞

本日は、ご多忙中にもかかわらず、弊社《へいしゃ》の新製品発表会にご出席賜《たまわ》りまして、まことにありがとうございます。

皆様、ご承知とは存じますが、弊社は、システム・キッチン、ユニット・バスを生産いたしており、ここ数年、業界トップのシェアを占めるようになりました。これも偏《ひとえ》に皆様のご愛顧《あいこ》、ご支援の賜《たまもの》と、深く感謝申し上げます。

日本人は世界に冠たる風呂好きで、市街地の温泉や巨大浴場も大人気であるにもかかわらず、自宅の狭いバスに浸《つ》かるのをリラックスタイムにせざるを得ないという状況に常々、疑問を感じておりました。何度か、欧米のバスルーム事情を視察にまいりましたが、例えばイギリスの田舎《いなか》のB&Bでもバスルームはずっと広く、まるで部屋のようなものさえあるのに驚いたことがございます。キッチンなどは欧米に負けないシステム・キッチンが珍しくはなくなっておりますが、これからはバスルームだということで、このシリーズを開発したしだいでございます。

①開発にあたりましては、開発部だけではなく、全社員が一丸《いちがん》となってアイディアを出しましたし、そのほか、建築家、ホテル関係者、温泉関係

製品発表会の挨拶の組み立て

謝辞 ＜ 会社の歩み ＜ 開発の経緯 ＜ 製品の説明 ＜ 結びの言葉

- 謝辞：新製品の発表会への列席を感謝する。
- 会社の歩み：会社の業務について簡単に説明する。
- 開発の経緯：エピソードを交え開発の動機や経緯を述べる。
- 製品の説明：具体的に分かりやすく新製品の説明をする。
- 結びの言葉：新製品についての支援を願い、挨拶を結ぶ。

ここがポイント

新製品の魅力を伝えることが重要ですから、社長も率先してPRに努めましょう。実際に見たり試したりして理解を深めてもらい、開発の背景やエピソードを披露《ひろう》して親しみをもってもらうとよいでしょう。

今後の販売がキーポイントですから、出席者にも販売協力や支援を求めましょう。

開発の経緯

者などさまざまな分野から、ご意見を伺《うかが》い、お知恵を拝借しました。お陰様で、入浴の楽しさをいろいろと味わうことができる、バラエティに富んだ画期的なシステム・バスのシリーズを完成することができました。この場を借りまして、お世話になりました皆様に、改めて心よりお礼申し上げます。

製品の説明

②このシリーズは、従来のユニット・バスとは異なり、文字通りバスルームというべきもので、バスの機能とリラックスできる部屋の機能を兼ね備えております。4畳半から6畳ぐらいの広さがあり、バス上がりにそのままくつろげるテーブルセットが置かれたリビングのような空間、ジム機器を置いたトレーニングルームのような空間、豪華なドレッシングルームを兼ねた空間、天井にプラネタリウム設備をはめ込んだ空間など、お客様の要望に応じた自在な空間を演出できるようになっております。また、視聴覚関係のシステムはもちろんのこと、耐震設備、浴槽内の心拍センサー、浴槽の自動洗浄装置など、最新機能も備えております。

結びの言葉

今回のシリーズはかなりの高額商品になるため、これからの販売が重要でございます。いよいよ宣伝部や営業部の出番でございますが、全員、商品には絶対的な自信があると申しており、意欲満々でございます。皆様も新製品を実際にご覧になっていただければ、必ず○○シリーズのよさをご理解いただけるものと存じます。そして、ご愛顧、ご支援くださいますようお願い申し上げます。本日はありがとうございました。

ここをチェック！

①開発の経緯を語りながら、その折々にお世話になった人に感謝を捧《ささ》げるようにするとよいでしょう。

②新製品にはどのような特徴があるのか、セールスポイントをきちんと伝えるようにしましょう。

マナー

会社や店の呼称

外部に対して、自社の呼称は「弊社」「当社」「小社」「わが社」といいます。しかし、「わが社」は、多少尊大な感じに響くので、避けたほうが無難《ぶなん》でしょう。相手側の会社に対しては、「御社《おんしゃ》」「貴社」といいます。

店舗の場合も同様に、自分の店は「当店」「弊店」「小店」と呼び、相手の店は「貴店」と呼びますが、「御店」とはいいません。

話し手
開発部長（男性）

新製品発表会での挨拶②［主催者］

▼新製品の小型ホームシアターの魅力を熱く語る▲

2分

謝辞 ｜ 開発の動機と製品の説明 ｜ 結びの言葉

　本日は、当社の新製品発表会にご臨席を賜《たまわ》り、厚くお礼申し上げます。こうして大勢の皆様を前に、小型ホームシアターシステム○○をご披露《ひろう》できますことは、開発に携《たずさ》わった者として万感《ばんかん》胸に迫るものがあります。

　当社は、最も自然に近い音の再生に優れたオーディオ機器メーカーとして定評をいただいておりますが、「家庭で映画館の感動と興奮を」というコンセプトをかかげて小型システムの開発に取り組んでまいりました。

　しかし、映画館はあれだけの空間であれだけの音量を出すからこそ、臨場感も味わえるわけです。これを家庭という小さな空間でどうすればよいのか、全部員が一丸《いちがん》となって、さまざまな部屋で、壁面構造の違いによる音の伝わり方、人の耳にどう自然に響くか等々、膨大な実験を行い、データを集めました。また、一般家庭ではそれほど大きな音を出すわけにはいきませんから、特にヘッドフォンを通しての音の質に留意いたしました。その結果、誕生したのが、当社の自信作○○です。

　これから、皆様に視聴していただきますが、必ずや映画館にいるような気分になっていただけるものと信じております。どうぞ、ご納得のうえ、今後、末永くご愛顧《あいこ》いただければ、と願っております。

ここがポイント

　開発部長は会社を代表する立場でもありますから、自信や喜びをもって挨拶をすることが大切です。
　開発の経緯や新製品の説明は、開発部長ならではのエピソードなどを披露できれば、より強く関心を惹《ひ》きつけることができるでしょう。

ヒント

来場者をもてなす

　新製品発表会、製品展示会などでは、ビュッフェスタイルの飲食を提供したり、簡単なパーティーを開くようにすると、堅苦しさを和《やわ》らげ、列席者同士の会話を促し、会を盛り上げ、購買の意欲につなげることができます。

話し手
開発者（女性）

新製品発表会での挨拶③［主催者］

▼年輩男性用香水の開発の経緯を語る▲

2分

謝辞	製品の説明	結びの言葉

本日は、お忙しい中、年輩男性向けの香水○○の発表会にお越しくださいまして、本当にありがとうございます。開発を担当いたしました調香師の時任でございます。さっそくでございますが、製品の説明に入らせていただきますので、どうぞ、試供品をお手にお取りくださいませ。

本製品は、香水に対する心理的なアレルギーをおもちの年輩男性のために開発された、脱臭の要素を兼ねた微香系の香水でございます。ハーブ系の植物や素朴《そぼく》な草花の香りを組み合わせ、強すぎず、爽《さわ》やかで、甘さを抑《おさ》えた大人の香りになっております。実は、もう一つ調合に加えたキーポイントになる香りがございます。企業秘密なので公表するわけにはまいりませんが、ここに至るまで、およそ百種類の香りを試作いたしました。実際に大勢の方々にお試しいただき、そのうえで選ばれたのが○○でございまして、「これならつけてみたい」と大好評をいただいたものです。

香水は瓶《びん》も重要な要素でございますが、奇をてらわないシンプルな形にし、落ち着いたイメージにいたしました。

お試しになってみて、いかがでしょうか。お気に召しましたら、ぜひ皆様の周りの年輩男性にご推薦《すいせん》くださいますよう、お願い申し上げます。

製品発表会の挨拶の組み立て

謝辞 自己紹介を兼ね、列席へのお礼を述べる。
＜
製品の説明 新製品について、詳しく具体的に説明する。
＜
結びの言葉 来場者にご愛顧《あいこ》、支援を願い、挨拶を結ぶ。

ここがポイント

前置きを長くせず、製品の説明に重点をおきましょう。

開発の動機、開発の苦労などは参加者にとって最も興味深いところですが、そこは開発部長などほかの人に説明を依頼するとよいでしょう。

また、実際に試供品を試してもらい、その意見などを、今後の販促《はんそく》に生かすとよいでしょう。質疑応答の時間をとり、製品についての理解を深めてもらうことも大切です。

話し手
社長（男性）

展示会での挨拶①【主催者】

▼展示会への来集を感謝し、製品のメリットを紹介する▲

4分

経営方針	展示の内容	謝辞

　本日は、お忙しい中、当社のインテリア建材展示会にお越しいただきまして、まことにありがとうございます。このように大勢の方に当社の製品に関心をおもちいただき、うれしい限りでございます。日ごろのご愛顧《あいこ》とともに、心よりお礼申し上げます。

①今回のテーマは「健康な家には健康な人が宿る」で、ここに、今年の新製品を中心とし、当社がふだんから扱っております製品を展示させていただきました。もとより当社の製品すべてを展示するのは不可能でございますので、ご好評をいただいているものから選んでおります。壁材、床材、天井材、塗料など、部材別の展示になっており、それぞれパンフレット、カタログをご用意してございます。おもちになって、実物と照らし合わせながら、ご覧ください。

　すでにご承知とは存じますが、当社はインテリア建材を製造、販売する会社で、歴史を辿《たど》ればかれこれ五〇年になります。創業者の草薙吾郎は、もともと大工の棟梁《とうりょう》で、よい材料を使って丁寧《ていねい》な仕事をすることで定評があり、戦後の復興期から高度経済成長期に何棟もの住宅を建てました。そのうちの何棟かは今でもしっかりと残っているそうでございます。普通、

展示会の挨拶の組み立て

謝辞　展示会出席へのお礼を述べる。
＜
展示の内容　展示の内容や会場について述べる。
＜
経緯と方針　会社の歴史を辿り、経営方針を述べる。
＜
今後の抱負　今後の抱負を述べる。
＜
結びの言葉　製品への理解を求め、挨拶を結ぶ。

ここがポイント

展示会での社長の挨拶は、製品の詳しい説明は後に任せて、製品を生み出してきた会社の歴史や経営哲学などに重点をおいて述べるとよいでしょう。

また、展示会を通じての将来への抱負を述べ、来場者に安心と期待感をもってもらえるよう、自信をもって力強く話すようにします。

会社の経緯と

大工から建設会社を経営するケースが多いようでございますが、草薙の場合はインテリア建材会社にシフトいたしました。と申しますのも、②「家はそこに住んでいる人々とともに生きている。だから家は健康でなければならない」というのが口癖で、そのためのインテリア建材でした。ですから、当社が扱う素材は設立当初から、人体によく環境にも優しいものばかりで、その後、建材市場に出回るようになった化学系、合成系のものはいっさい扱ってきませんでした。正直、経営が大変だった時期もございましたが、歴代の経営者とも創業者の意思を受け継ぎ、今日までやってまいりました。

今後の抱負

現在、ホルムアルデヒドなど建材の化学物質が原因と考えられる、シックハウス症候群が発生しておりますが、当社が扱う製品には全くそのような心配はございません。アスベストも無縁でございます。それでいて、これだけ多彩《たさい》でデザイン性豊かなインテリア建材をご提供できることは当社の誇《ほこ》りであります。最近では、こうした変わらぬ経営姿勢が評価されまして、当社のインテリア建材に対する需要はどんどん高まっております。当社ではこれからも自信をもって、当社の信念に基づいたインテリア建材の製造、販売に邁進《まいしん》していく所存でございます。

結びの言葉

皆様、展示会場は広うございますが、どうぞごゆるりとご覧ください。各部署にはそれぞれ担当者が詰めておりますので、説明をお受けになり、当社の製品へのご理解を深めてくださいますよう、お願い申し上げます。

ここをチェック！

①展示会のテーマがある場合は、挨拶に盛り込むようにしましょう。より強く展示会を印象づけることができるでしょう。

②会社の理念を語る場合、今に引き継がれている創業者の言葉などを引用すると、会社への理解がより深まります。

話し手
司会者（女性）

展示会での挨拶②【主催者】

▼来展を感謝し、新製品の優れた特徴を売り込む▲

2分

謝辞と自己紹介	展示の内容	会の進行説明

本日は、浴衣《ゆかた》の展示会にようこそ、おいでくださいました。司会を務《つと》めさせていただく広報の加賀と申します。よろしく、お願いいいたします。

最近は、各所で開催される花火大会が盛況《せいきょう》なことも手伝いまして、若い女性のあいだで浴衣人気が高まっております。当社の展示会も一〇回目を迎えますが、年々、浴衣を着る方が増えてまいりまして、それに伴い、素材、柄《がら》、着方なども多様化してきております。今年は、綿よりも吸湿性、速乾性に優れた新しいポリエステル地の素材で、一重《ひとえ》の着物としてもお召しになれる格調高い柄の浴衣に力を入れて展示しております。お手に取って、じっくりとご覧くださいませ。併《あわ》せて、髪飾り、帯締め、巾着《きんちゃく》など、浴衣の着こなしを助けるアクセサリーや小物類も豊富に展示しておりますので、こちらのほうもご注目くださいませ。

本日は、二、三のアトラクションもご用意しております。まず、浴衣デザイナーの稲葉聡美先生に今年の浴衣の傾向をお話しいただきます。そのあと、モデルさんによって、最新の浴衣の着こなしをご披露《ひろう》いたします。また、抹茶《まっちゃ》と和菓子のサービスもございますので、どうぞ、お楽しみに。それでは皆様、まずは浴衣のほうから、ご案内いたします。

展示会の挨拶の組み立て

謝辞 展示会への来場にお礼を述べ、自己紹介をする。

＜

展示の内容 展示内容について、簡単に説明する。

＜

会の進行 当日の会の次第について、説明する。

ここがポイント

司会の役目はてきぱきと会の進行をはかることですので、要領のいいテンポで終始することが大切です。展示会の内容の説明では、最も力を入れているテーマなり、商品なりをアピールするようにしましょう。

また、展示会の中で催《もよお》されるアトラクションやパネリストの講演などは、忘れずに前もって知らせるようにしましょう。

外部の人間で司会を頼まれた場合は、会社や商品について、間違いのないようにしましょう。

話し手
開発者（男性）

展示会での挨拶③【主催者】

▼来展にお礼を述べ、新製品の最新の機能を説明する▲

2分

謝辞と自己紹介	展示の内容	結びの言葉

本日は、当社の介護ロボット「ナイチンゲール7号」の展示会にご来場くださいまして、まことにありがとうございます。開発を担当いたしました一員の手塚と申します。どうぞ、よろしくお願い申し上げます。

ナイチンゲール7号は、これまでの当社の介護ロボットに大幅に改良を加えた画期的なものになっております。ご覧のように、ヒューマノイド型で、表面も温かく柔らかい素材でできており、さわった感触がほとんど人間と変わりません。オーナーの命令を聞き分ける能力や力のバランス感覚が格段にアップし、さまざまな種類の介護をきめ細かく行うことができるようになりました。また、内蔵したカメラで被介護者の様子をチェックし、何か問題が起きたときは素早く指定の病院などに通報できます。医師、介護福祉士、介護されるご家族など現場の方々から、さまざまなご意見、ご指導を賜《たまわ》り、自分たちが実験台になっての試行錯誤の末、ようやくここまで辿《たど》り着いたかと思いますと、感無量でございます。

これから実際に操作方法等をご説明いたします。皆様、ぜひ代わる代わる被介護者になられて、お試しください。また、ご質問、疑問等がございましたら、何なりとお伺《うかが》いいたします。それでは、どうぞ。

ここがポイント

展示品については、開発に携《たずさ》わった担当者がいちばんよく分かっていますから、専門的な説明を負わされることが多いものです。

その場合、専門用語を駆使せず、専門外の人にも分かる、やさしい説明を心がけることが大切です。

また、実際の使用法などを通じて、展示品への理解を深めてもらうようにしましょう。

ここをチェック！

短い言葉の中で、実際に、開発に関わった者でなければ分からない、エピソードや感動を伝えます。

話し手
取引先部長（女性）

展示会での挨拶④【招待客】

▼製品および展示会のすばらしさを称える▲

2分

祝辞と自己紹介	展示品の感想	結びの言葉

本日は、このように盛大な展示会にご招待いただきまして、まことにありがとうございます。お取引させていただいております、△△デパート営業部の里見と申します。

★私も仕事柄、展示会にはよくまいりますが、○○陶器の展示会ほどセンスがよく、美しい会場はそうはなく、いつも感心しております。なぜか、と考えてみますと、そもそも○○陶器のテーブル・ウェアそのものがすばらしいということではないかと存じます。繊細《せんさい》で、芸術の薫《かお》り高い独特の製品は、見ているだけでも幸せな気分に、もっていれば満ち足りた気持ちにしてくれます。毎年、テーマを冠していらっしゃいますが、今年のテーマは「ウィーン世紀末」とのことでございます。それを、アール・デコのアンティーク・テーブルにセッティングなさった、と伺《うかが》いまして、いったいどんな製品が、どんなレイアウトで拝見できるか、大変、楽しみでございます。

私どものデパートでも○○陶器の製品は特に人気が高く、贈答品《ぞうとうひん》としても喜ばれております。今後とも、すてきなテーブル・ウェアを製作してください。私どもでも自信をもって、お客様に紹介させていただきます。

展示会の挨拶の組み立て

祝辞
展示会招待へのお礼を述べ、自己紹介する。

＜

展示品の感想
展示会および展示品の感想を述べる。

＜

結びの言葉
今後への期待を述べ、挨拶を結ぶ。

ここがポイント

展示会場と展示品の両方の要素に目配りした挨拶をするとよいでしょう。

また、展示会というのは、営業活動の一環であると同時に、楽しめるかどうかも成否に関わる要素です。その点を取り上げて褒《ほ》めると、喜ばれます。

★バリエーション

今年もまた、楽しみにしておりました○○陶器の展示会にお招きいただき、すばらしい製品の数々に立ち会える幸せを感じております。

話し手
販促部長（男性）

顧客招待懇親会での挨拶①【主催者】

▼日ごろのご愛顧に感謝し、今後の協力を仰ぐ▲

2分

謝辞と自己紹介

皆様、本日はお忙しい中、懇親会《こんしんかい》にご出席いただきまして、まことにありがとうございます。販促部《はんそくぶ》の藤城と申します。

協力への感謝

当社が、ニュージーランドワインの輸入を始めましてから二〇年ほどになります。ここにいらっしゃる皆様は、発売当初から販売にご協力いただいた方ばかりで、ニュージーランドワインがここまで普及しましたのも、偏《ひとえ》に皆様のお陰と、心より感謝申し上げます。ニュージーランドワインは、その八〇％が白ワインで、日本人好みの爽《さわ》やかなテイストをしており、和食にもよく合います。そうした優れた特質をいち早く理解して、お客様に推薦《すいせん》してくださり、本当にありがとうございました。私どもも、今まで以上に販促に力を入れていきたいと存じますので、これからもご協力くださいますよう、よろしくお願い申し上げます。

結びの言葉

本日は、日ごろの皆様のご厚情に感謝いたしまして、ささやかではございますが、お席を設けさせていただきました。旬《しゅん》の魚介類を使いました和風のフレンチになっております。もちろん、料理に合わせまして、ワインをいろいろ取りそろえております。

どうぞ、心ゆくまでご賞味ください。

招待懇親会の挨拶の組み立て

謝辞 ＜ 協力への感謝 ＜ 結びの言葉

- 謝辞：懇親会出席へのお礼を述べ、自己紹介する。
- 協力への感謝：日ごろのご愛顧《あいこ》に感謝し今後の協力を仰《あお》ぐ。
- 結びの言葉：会食の席などに誘《いざな》い、苦労をねぎらう。

ここがポイント

基本的な懇親会の挨拶では、出席へのお礼、日ごろへの感謝、今後の協力の三つが基本になります。

ヒント

招待客をもてなす

会食やパーティー、アトラクションなどを設けたり、簡略な懇親会の場合は、帰りに手土産《てみやげ》を渡すなど、顧客《こきゃく》を大切にもてなし、楽しく過ごしてもらうのが一般的です。

話し手
顧客代表（女性）

顧客招待懇親会での挨拶②

【招待客】

2分

▼歓待を感謝し、商品の優れた特徴を強調する▲

謝辞と自己紹介	関係の説明	結びの言葉

本日は、お招きいただき、このような歓待にあずかりまして、まことにありがとうございます。私、△△ドラッグの井筒と申します。今年は、私の番ということで、一言、お礼のご挨拶《あいさつ》をさせていただきます。

私どもでは、○○社のアンチ・エイジング化粧品「△△」のシリーズを販売させていただいております。△△という名称は、永久に年をとらないという、伝説の女王の名前からとられたとのことですが、まさに世のすべての女性の願いを体現した名前ではないでしょうか。天然のミネラルを含む自然水をベースに、活性酸素、乾燥、紫外線という肌の老化原因を防ぐ成分を配合した高級化粧品は、私自身、熱心なファンですが、伺《うかが》いましたところ、ほかの皆様にもファンが多く、先ほどから大いに話が盛り上がりました。また、○○社は営業の方が皆様、熱意のある方ばかりで、注文にも間髪《かんぱつ》を入れず納品してくださるのでありがたい、ということでも一致いたしました。

★これからもお互いによい関係を保ちながら、このシリーズの販売に貢献《こうけん》できればと思っております。○○社のますますのご発展をお祈りいたしまして、簡単ではございますが、ご挨拶とさせていただきます。

招待懇親会の挨拶の組み立て

謝辞：懇親会招待へのお礼を述べ、自己紹介する。

＜ 関係の説明：お互いの関係を説明し、相手や製品を称賛する。

＜ 結びの言葉：今後の抱負を述べ、相手の発展を祈る。

！ここがポイント

顧客《こきゃく》招待の懇親会は、主催者との関係だけではなく、顧客同士の親睦《しんぼく》をはかるものでもあるので、その点を挨拶に盛り込むと、座が和《なご》み、会が盛り上がります。

★バリエーション

本日は、このあと、メイクアップ・アーティストの葦原先生による、「一〇歳以上も若返る驚異のメイク」のデモンストレーションが行われるそうで、大変、楽しみにしております。本日は、ご招待、ありがとうございました。

話し手
営業課長（男性）

顧客招待旅行での挨拶① 【主催者】

▼日ごろのご愛顧に感謝し、旅行の楽しみ方を紹介する▲

2分

謝辞と自己紹介	協力への感謝	結びの言葉

この度は、大勢の方々のご参加をいただき、ありがとうございます。私、旅行のお世話をさせていただきます営業の桐野と申します。皆様、いったんお部屋で着替えられて、リゾートモードに入っていらっしゃるところ、野暮《やぼ》で恐縮に存じますが、一言、ご挨拶《あいさつ》させていただきます。

当社は、このところ、ずっと前年比を大幅に上回る業績を上げており、業界でも驚異の目で見られているようでございます。これも偏《ひとえ》に皆様方の日ごろからのご愛顧《あいこ》の賜《たまもの》と、心より感謝申し上げております。私どもでは、こうした皆様のご協力に少しでも報《むく》いるべく、毎年、旅行にお招きさせていただいておりますが、二〇回目を数えます今回は、初の海外ということで、タイのプーケットにやってまいりました。

ここは、マリンスポーツよし、スパよし、料理よし、風景よし、の楽園でございます。どうぞ皆様、アクティブに、あるいはリラックスして、三日間を思い思いにお過ごしください。ご希望の方は、このあと、プーケット・タウンまで車でお送りしますので、お申し出ください。今夜は、タイ料理を思う存分、ご賞味いただきます。また、明日は、海の桂林《けいりん》といわれるパンガー湾にご案内しますので、こちらもお楽しみにしてください。

招待旅行の挨拶の組み立て

謝辞 旅行参加へのお礼を述べ、自己紹介する。

＜ **協力への感謝** 日ごろのご愛顧に感謝し今後の協力を仰《あお》ぐ。

＜ **結びの言葉** 今後の旅の予定を説明する。

ここがポイント

招待旅行は日ごろのご愛顧、協力に感謝するものですから、楽しく盛り上げるようにしましょう。仕事関係の部分はさらりと触れるぐらいで、早めに切り上げます。

はじめに、旅行のスケジュールや、特別のアクティビティ、アトラクションについては、あらかじめきちんと伝えておくことを忘れないようにしましょう。

話し手
顧客代表（男性）

顧客招待旅行での挨拶②［招待客］

▼旅への招待を感謝し、これからの協力を誓う▲

2分

謝辞と自己紹介	旅行への感謝	結びの言葉

○○社様、この度は、このように希少価値の旅行にご招待いただき、まことにありがとうございます。ご指名により、ご挨拶《あいさつ》させていただきます、△△社の須賀と申します。

私は無類の温泉好きで、これまでも家族や友人とあちこち温泉行脚《あんぎゃ》をしてまいりましたが、今回の温泉は秘湯《ひとう》中の秘湯ということで、残念ながら私も存じませんでした。出発してから、バスはしだいに人里を離れ、山の中に入っていきましたので、どこか秘密のアジトにでも連れていかれるのか、といささか心配になったほどでございます。辿《たど》り着いたところは、標高千メートルを超える山の中の一軒宿で、あたりは静寂に包まれておりました。源泉は川底から湧《わ》いてくるとのことで、特に川をせき止めた天然風呂は野趣《やしゅ》に富んでおり、先ほどからふやけるほど入らせていただきました。こんなにゆったりとした開放感を味わったのは久しぶりで、日ごろの疲れがすっかりとれた感じでございます。

★皆様とも、文字通り、裸のお付き合いをさせていただき、親しくお言葉を交わすことができまして、本当に有意義だったと思っております。ここで養った英気は、また、御社《おんしゃ》との仕事に生かしたいと存じます。

★バリエーション

このように、すばらしい旅行を実現なさるためには、担当者の方々の並々ならぬご努力がおありだったろうと存じます。お陰様で、我々、心より楽しませていただいております。本当に、ありがとうございます。

ここがポイント

招待旅行での謝辞は、サービスや好意、また、苦労などを汲《く》み取って、その部分をうまく褒《ほ》め、ねぎらうようにしましょう。

旅行が有意義なことにも触れましょう。

招待旅行の挨拶の組み立て

謝辞 招待へのお礼を述べ、自己紹介する。

＜ **旅行への感謝** 旅行のすばらしさを具体的に称賛する。

＜ **結びの言葉** 旅行が有意義であることを感謝し挨拶を結ぶ。

話し手
営業担当者（男性）

顧客招待コンペでの挨拶【主催者】

▼コンペの盛況を感謝し、宴会で歓待する▲

2分

結びの言葉	コンペの説明	謝辞

皆様、おはようございます。本日は、当社のゴルフコンペにご参加いただき、ありがとうございます。当コンペは、例年、お天気には恵まれることで有名ですが、今年も雲一つなく晴れ渡っております。気持ちよくプレーができそうで、今からハイスコアが楽しみです。

当コンペは、年々、お取引先が増えております関係で、参加者も増え、盛況《せいきょう》を呈するようになりましたことは、まことにうれしい限りでございますが、その分、コンペは熾烈《しれつ》になりました。そのため、できるだけ多くの皆様に賞品が行き渡りますように、今年は賞品の数を増やし、内容も一段と豪華にいたしました。どうぞ、ご期待ください。とは申しましても、ゴルフの醍醐味《だいごみ》は、爽《さわ》やかな空気を肌《はだ》に感じ、緑の芝を踏みながら、からだを動かすことではないでしょうか。コンペが終わりましたあとには、宴会が控《ひか》えております。会場は、すぐ近くの料理店でございますが、地元の和牛を使ったすきやきをメインに、外部には出回らないという地酒も味わっていただけます。どうぞ、皆様との歓談をお楽しみください。

★それでは、皆様、係りの者からグループ分けのリストをお配りいたしまして、さっそくスタートすることにいたしましょう。

招待コンペの挨拶の組み立て

祝辞
コンペ参加へのお礼を述べる。
＜
コンペの説明
コンペの趣旨《しゅし》、内容について説明する。
＜
結びの言葉
コンペへの期待感を込め、始まりの合図をする。

ここがポイント

コンペでは、早くプレーがしたいと、皆の気持ちが逸《はや》っているので、長い挨拶は禁物《きんもつ》です。ただし、コンペの趣旨や内容については、短くとも正確に伝えるようにします。

★バリエーション

それでは、さっそくプレー開始とまいりますが、皆様、お怪我《けが》や事故のないように気をつけてください。また、気温が高いので、水分補給もお忘れにならないように。とりあえず、スポーツドリンクを一本ずつお配りしておきます。

話し手
幹事（男性）

同業者交流会での挨拶［主催者］

▼交流会の意義を強調し、親睦を奨励する▲

2分

謝辞	会の趣旨と内容	結びの言葉

本日は、皆様、お忙しい中、お集まりいただきましてありがとうございます。幹事を務《つと》めさせていただきます、○○書店の桜田と申します。

現在、書店業界が非常に厳しい状況におかれておりますことは、皆様、身をもって実感なさっていることと存じます。本が売れなくなったといわれて久しくなりますが、加えて、ネット書店や廉価《れんか》な古書店の出現によって経営が圧迫され、書店は本の情報を得るための図書館化しているなどともいわれております。それに対して、ＤＶＤ店と連携《れんけい》した複合型書店や、フラワーショップ、雑貨店、喫茶店などを取り込んだ融合型書店などが出現し、その業務形態を含めて書店業界は大きく揺れ動いております。このような折りから、当交流会の存在意義は大きいものと存じますが、今回もこのように大勢の方のご参加をいただき、大変、心強く思っております。

とは申しましても、むずかしい顔をしていても、よいアイディアが浮かぶわけでもございません。立席ではございますが、まずはのどを潤《うるお》し、料理をつまんでいただきながら、親睦《しんぼく》を深め、情報交換をなさってください。また、このあと△△取次店の深瀬様、◇◇書店の津川様からお話を伺《うかが》うことになっておりますので、ご期待ください。

同業者交流会の挨拶の組み立て

謝辞 出席に対してお礼を述べ、自己紹介する。
＜
会の説明 業界の動向を述べ、会の趣旨《しゅし》を説明する。
＜
結びの言葉 連絡事項を伝え、親睦会へ誘《いざな》う。

ここがポイント

会長などからも挨拶がある場合は、業界の動向については、簡単な話にとどめたほうがよいでしょう。

参加してよかったと思ってもらえるように、前向きな内容を盛り込み、お互いの親交を深めるように導きましょう。

ここをチェック！

前半、業界の苦境や問題点を取り上げた場合でも、挨拶の最後は、明るい話や態度で、会を盛り上げるようにしましょう。

話し手
商店会会長（男性）

商店会慰労会での挨拶［主催者］

▼商店街の活気を喜び、楽しみを盛り上げる▲

2分

結びの言葉	会の趣旨と内容	謝辞

皆様、本日は、お忙しいところ、お集まりいただきまして、まことにありがとうございます。秋祭り、歳末大バーゲン、新春大売り出しと続きました繁忙期《はんぼうき》を無事、乗り切りまして、皆さん、ホッとしていらっしゃることと存じます。

昨今、大型店舗の進出によって、衰亡の憂《う》き目《め》にあう商店街も少なくない中、当商店街は地域の皆様方の信頼も篤《あつ》く、活気に溢《あふ》れております。これも、常にお客様のニーズを考え、魅力ある品揃《しなぞろ》えやサービスを怠《おこた》らない、皆様の不断のご努力に負うものと、心より感謝申し上げるしだいでございます。と、堅い話はこれぐらいにいたしまして、今日は大いに飲み、かつ食べて、騒《さわ》ごうではありませんか。今回は、商店街でただ一軒のロシア料理専門店ヴォルガさんが会場を提供してくれました。言わずもがなですが、ここのボルシチはボリューム満点で、味も天下一品です。ほかにもそれぞれの店持ち寄りの自慢の料理や食品が並んでおります。お酒もビール、ワイン、日本酒、洋酒と取りそろえております。

それでは、乾杯の音頭《おんど》を、今年、喜寿《きじゅ》をお迎《むか》えになった和菓子店のご当主、柴山さんにお願いしたいと思います。さあ、どうぞ、柴山さん。

慰労会の挨拶の組み立て

謝辞 ＜ 会の説明 ＜ 結びの言葉

謝辞：慰労会参加へのお礼を述べる。
会の説明：商店主を慰労し、慰労会の説明をする。
結びの言葉：慰労会の始まりを告げる。

ここがポイント

商店会の慰労会は、日ごろの協力に感謝し、努力などを慰労するのが目的ですから、仕事の話にはあまり深入りせずに、楽しい話題を見つけましょう。

ここをチェック！

場所の提供をしてくれた店や差し入れの品々は、参加者に報告して、お礼をいうようにしましょう。ちょっぴり店の宣伝もしてあげると、喜ばれるでしょう。

話し手
人事担当者（男性）

会社説明会（学生へ）での挨拶【主催者】

▼会社の現状を伝え、必要な人材を語る▲

4分

始めの言葉

皆さん、おはようございます。本日は、当社の説明会にご参加いただきまして、ありがとうございます。このように大勢の方々が、当社に関心をもってくださって、大変、うれしく思います。私は、本日、皆さんのお世話をさせていただく、人事部の森と申します。

業界の動向と会社の方針

皆さんがまだ生まれる前ですが、かつて「鉄は国家なり」といわれ、全産業の一割を鉄鋼製品が占め、基幹産業として繁栄を誇《ほこ》っていたことは、皆さん、ご承知のことと思います。しかし、二度に及ぶオイルショック、プラザ合意後の急激な円高などの影響で、鉄鋼業界は打撃を受け、ほかの重厚長大産業とともに、衰退を余儀《よぎ》なくされました。以後、苦しい状態が続きましたが、ここにきて、合理化の推進や中国をはじめとするアジア市場の鉄の需要が伸び、自動車、造船などの内需も堅調で、ようやく活気を取り戻しています。まだまだ、世界的な規模での企業合併による変化の波にさらされてはいますが、その分、ダイナミックな動きの中にあり、挑戦しがいのある業界になっています。

当社も、そういう中で、この数年、業績が伸びていますが、勝負はこれからです。特にグローバリゼーションの過程で、これから世界に伍《ご》して発

会社説明会の挨拶の組み立て

始めの言葉 説明会への参加を感謝し、自己紹介をする。

＜

動向と方針 業界の動向、会社の現状や経営理念を述べ、求人方針を伝える。

＜

予定の説明 説明会のスケジュールや連絡事項を伝える。

＜

結びの言葉 具体的な会の始まりを伝え、話を引き渡す。

ここがポイント

会社説明会では、入社を希望する学生に好印象を与えることが重要です。採用する側とはいえ、高圧的な物言いではなく、丁寧《ていねい》な態度や言葉で接するようにしましょう。

学生は何社も掛け持ちで会社回りをしていることが多いので、終了時間はきっちりと伝えるようにします。

予定の説明

展していくためには、エンジニアリング、マーケティング、セールス等々、多彩《たさい》な分野の能力を必要としています。皆さん方も、世界に視野をおいた、鉄鋼業および関連事業の将来に大きな期待を抱き、自分こそが鉄鋼業界を担《にな》っていくのだとの意欲に燃えていらっしゃることと思います。①当社にとって、そういう方々こそ、まさに必要としている人材と申せましょう。皆さんに当社をご理解いただけるよう、本日の説明会には大変、力を入れており、また当社が皆さんのご希望やご期待にかなう会社であればと願っています。

それでは、すでに会場の入り口で、本日の説明会のプログラムと応募の書類を受け取られているかと思いますが、念のため、スケジュールを簡単にご説明いたします。このあと、まず、役員による当社の歴史や展望、経営理念等についての話があります。次いで、各部署の担当部長による業務内容の説明を行います。それが終わりましたら、私のほうから、今後の入社試験の日程や諸々《もろもろ》の事務手続きについて、ご連絡いたします。途中で質問や疑問点などがあるかと思いますが、最後に質疑応答の時間を設けてありますので、その折りにお願いいたします。なお、終了時間は、正午を予定していますが、話の都合で多少、前後するかもしれません。その節は悪しからずご了承ください。

結びの言葉

まず、最初に②当社の常務取締役で総務部長の風間より、挨拶《あいさつ》させていただきます。それでは③風間常務、よろしくお願いします。

ここをチェック！

①会社側の採用希望を一方的にいうのではなく、会社が学生側の希望にそうものであることを願うと、好印象を与えることができます。

②外部の人に対しては、自社の人は「さん」づけをせず、呼び捨てにします。

③本人に直接呼びかけるときは「さん」づけ、あるいは役職名をつけて呼びます。

報告の言葉

組み立てとポイント

ビジネスの交渉ごとやイベントでは、常に進行状況の報告を求められます。結果報告にしろ経過報告にしろ、私情や感想を挟まず、事実関係を具体的に伝えることが重要です。個人的な意見や問題点があれば、別途、まとめて述べるようにするとよいでしょう。

①出だし…報告内容の件名を述べる。

②状況と結論…これまでの状況を説明し、結論や今後の見通しを述べる。

③結び…結論の要点を確認し、締《し》めくくる。

▼取引先への報告

●製品納入の報告…先ほど、当社の新製品○○を納入させていただきましたので、ご報告に上がりました。この度は早速《さっそく》のご購入、まことにありがとうございました。○○は、新製品発表会で注文が殺到いたしまして、現在、生産が追いつかない状態ですが、御社《おんしゃ》は私どもの大切なお取引先でございますので、最優先させていただきました。今後ともよろしくお願い申し上げます。

●受注企画の経過報告…○○の雑誌掲載広告の件ですが、途中経過をご報告させていただきます。先日、ご了解いただきました企画内容に従いまして、写真が完成したところです。それに合わせて、△△氏にお願いしてあるコピーが今週中にはいただけることになっておりますので、来週中には紙面構成したものを一度お持ちして、ご検討いただけるものと思っております。来週早々にでもご連絡させていただきますので、よろしくお願い申し上げます。

▼社内での報告

●イベントの結果報告…○○で一週間にわたって行われました展示会が成功裡《り》に終わりましたことをご報告いたします。今回は特にディスプレイが見やすく、洗練されていたと大方の評判でした。入場者数も三千人をこえ、前回比二〇％増となり、すでに引き合いも数社からいただいております。これから具体的な商談に結びつけていきたいと思っておりますので、皆様、ご協力のほどよろしくお願いいたします。

●取引の経過報告…○○社との取引の件ですが、昨日、ようやく仮契約までこぎ着けました。条件面では、制作費の値引きを要求されましたので、五％ほど応じました。その分、こちらの経費を削《けず》ることで対応できると思います。全体としては当初の予定通りの契約内容となりましたが、あとは本契約に向けて遺漏《いろう》のないようにいたします。

第4章

会社行事・会合のスピーチ

一年を通して催される行事や会合はいろいろで、
立場や役割により話す内容も異なります。
会議や朝礼では、目標を掲げて士気を高め、
懇親会では労をねぎらい一体感を演出するのも必要。
ビジネスライクに、簡潔な言葉でまとめましょう。

会社行事・会合のスピーチのポイント

◎会社恒例行事での挨拶

新年会、忘年会、社員旅行、研修会など、社内恒例行事にはいろいろありますが、それぞれの行事の主旨を理解して、ふさわしい挨拶を心がけましょう。

例えば、仕事始めでは、元気よく、意欲的な挨拶を、研修会では、研修の主旨や内容を中心に述べ、励《はげ》ますような挨拶を、という具合です。

自分の役職や立場を意識して挨拶することも大切です。社内旅行や忘年会での管理職の挨拶では、社員の労をねぎらう言葉を中心にし、幹事の立場では、楽しく場を盛り上げる内容にする、などです。

仕事始めの挨拶の組み立て・基本型

始めの言葉	◀ 昨年の回顧	◀ 今年の抱負	◀ 結びの言葉
新年の祝辞を述べ、再会を喜ぶ。	**昨年の業界の動向や自社の業績を回《かい》顧《こ》する。**	**今年の会社の計画や抱負を述べる。**	**今年に期待し、社員を励ます。**
新年おめでとうございます。皆さん、思い思いに年末年始の休暇を過ごされて、英気を養われたことでしょう。こうして元気な顔が並んでいることを大変うれしく思います。	アパレル業界は消費者のニーズをつかむのが非常にむずかしいリスキーな業界ですが、わが社では消費者のニーズを即商品化するクイックリスポンス制度をいち早く導入し、ずっと業績を伸ばしてきました。しかし、昨夏は長梅雨《ながつゆ》に見舞われて、夏物が苦戦しました。……	今年は、女の子向けの新しいブランドがスタートする重要な年です。女の子のブランドは、とりわけニーズを探るのが大変な部門ですが、わが社ではリサーチを積み重ね、満を持しての販売開始となります。商品には自信をもっており、ぜひ成功させたいと思っています。……	どうぞ、皆さん、わが社のいっそうの飛躍を願って、それぞれの立場で頑張ってください。

また、説教調や長々とした退屈な挨拶にならないよう、簡潔で明快な挨拶を心がけます。

◎日常の会合での挨拶

社内会議や定例報告会議、朝礼などの日常の会合の挨拶は、極《きわ》めてビジネスライクなものですから、だらだらした挨拶は禁物《きんもつ》です。ポイントを押さえ、てきぱきとした挨拶を心がけましょう。あらかじめ、伝えるべきことをメモするとか、頭に入れておくとよいでしょう。朝礼などは、毎日のことなので、マンネリにならないよう、ときに名言名句や社会性のある話題、日ごろのエピソードなどを交えるとよいでしょう。

いずれにしても、明るく、意欲が湧《わ》くような内容が大切で、愚痴《ぐち》っぽい挨拶、叱責《しっせき》の多い挨拶は聞く側の意欲をそぎます。

朝礼の挨拶の組み立て・基本型

始めの言葉	仕事の心得や目標	連絡事項と注意事項	結びの言葉
時候や世情の話題を交えて、朝の挨拶をする。	**名言名句、格言などを引用したり、社のモットーなどをあげて仕事の心得を説き、士気を高める。また、その日の目標などを設定する。**	**その日の連絡事項や注意事項を伝える。**	**激励の言葉を述べる。**
皆さん、おはようございます。仕事など忘れて、どこか旅に出たくなるような晴れ晴れとしたよい天気ですが、ここは営業活動にもよい日だと思うことにしようではありませんか。	アメリカの思想家にして詩人のエマーソンは格言集を著していますが、その中に「その日その日を最高の日にしよう」というのがあります。何をもって最高の日とするかは人それぞれですし、実現はなかなかむずかしいところですが、少なくともそう思うことによって、やる気が湧いてくるかもしれませんし、その日の目標が浮かんでくるかもしれません。皆さん、騙《だま》されたと思って、ぜひ一度試してみてください。	さて、本日は、販促《はんそく》部が作成した新しいパンフレットを用意してありますから、それぞれ必要な部数をお取りください。大変美しい仕上がりで、購買意欲をそそられるのではないかと思います。うまく営業活動に役立ててください。	それでは皆さん、今日一日が最高の日になるよう、青空の下、元気に飛び出しましょう。

話し手
社長（男性）

入社式での挨拶①

▼新入社員を温かく歓迎し、三つの心構えを説く▲

4分

祝辞

皆さん、本日は、入社おめでとうございます。

厳しい関門をいくつもくぐり抜け、晴れてわが社の社員になられた皆さんに心からお祝いを申し上げ、全社をあげて歓迎いたします。

理念と社風

★こうして、皆さんを拝見しますと、いささか緊張気味ではありますが、熱意と希望に溢《あふ》れ、瞳《ひとみ》が輝いており、頼もしい限りです。それぞれ内に秘めた野心や闘志をもっているとは思いますが、焦《あせ》らず、まずは着実に基礎体力をつけていってください。①最近は、企業側に、新入社員をじっくりと育てる余裕がなく、即戦力が求められているといわれますが、わが社では社員教育をしっかりとやらせていただいております。長い目で見れば、そのほうが社員にとっても企業にとってもメリットになると考えているからです。そこで、②新入社員の心構えとして、毎年、私のほうから三つほどお願いをしております。

一つは、広く世界情勢に関心をもっていただきたいということです。昔「アメリカがくしゃみをすると、日本が風邪《かぜ》をひく」といわれたものですが、今や全世界が密接に絡み合っており、複雑に影響し合っています。世界の片隅の出来事が回りまわって、日本に影響を及ぼすこともまれではありま

入社式の挨拶の組み立て

祝辞 入社を祝い、歓迎の言葉を述べる。

< **理念と社風** 経営哲学や社風を述べる。

< **要望と期待** 新入社員への要望や期待を述べる。

< **結びの言葉** 励《はげ》ましの言葉を述べ、挨拶を結ぶ。

ここがポイント

社長の挨拶の基本は、会社の経営方針や理念を伝えることです。かといって、話が難解だったりお説教くさかったりすると、気持ちを惹《ひ》きつけることはできません。分かりやすい表現で、述べることが必要です。

また、疑問を投げかけ、しばらく答えを期待するように間をおく話し方も、注意を惹きつけることができ、効果的です。

結びの言葉　**要望と期待**

せん。確かに地理的には国境は存在しますが、経済的にはほとんどないといってもいいでしょう。ＥＵの統合、世界的な規模でのＭ＆Ａなど国際化が進行し、グローバルスタンダードが求められています。世界情勢に疎《うと》くては、もはやどんな仕事も務《つと》まりません。世界情勢に目を向け、耳を傾け、心を開き、頭を働かせてください。

　二つめは、感性を研《と》ぎ澄ませ、他者の存在を気にかけてください、ということです。企業のミスや学校のいじめなど、世の中のさまざまな問題は、すべて感性が鈍磨《どんま》し、他者の存在への配慮が抜け落ちていることから発生しているのではないでしょうか。感性が鈍《にぶ》ければ、どんなにアンテナを張り巡らしても、何もとらえることができません。他者の存在に対する視線なくしては、どんな優れたアイディアも意味をなしません。方法は申しません。それぞれのやり方で、感性を磨《みが》き、他者を慮《おもんぱか》ってください。

　三つめは、これでいいのか、と常に、いい意味での疑いをもってください、ということです。そう思うところから、もっとよい仕事につなげることができ、自分を成長させることができます。人は、満足してしまったら、それで終わりです。あきらめてしまっても終わりです。今の自分や仕事に対して、「これでいいのか」と問いかけてください。

　それでは、皆さん、明日からわが社の社員として、思う存分、力を発揮《はっき》していってください。そのための助力は惜しまないつもりです。皆さんの成長を心から楽しみにしております。

★バリエーション

　皆さん、今、企業に求められている最も大切なことは何だと思いますか？　企業というものは、直接的にしろ、間接的にしろ、どこかで必ず顧客《こきゃく》のニーズと結びついています。そのニーズを汲《く》み取れない企業、ニーズに応《こた》えられない企業の未来はありません。また、企業というものは、これまで以上に、地球の環境や人間の健康に配慮を求められております。当社は、設立以来、こうした問題には積極的に取り組んでまいりました。皆さんにもこのことに心を留めていただきたいのです。

ここをチェック！

①新入社員の不安を取り除き、安心感を与えるような文言を盛り込むようにしましょう。

②哲学や考え方を箇条《かじょう》書《が》きの形で伝えると、分かりやすく、よく理解してもらえます。

話し手
部長（男性）

入社式での挨拶②【職場の上司】

▼新人の入社を喜び、激励の言葉をかける▲

2分

祝辞	要望と期待	結びの言葉

　皆さん、入社、おめでとうございます。皆さんの社会人としての第一歩が当社からスタートしますこと、非常に喜ばしく、心よりお祝い申し上げます。ただ今、社長から当社の経営方針や理念について話がありまして、改めて意欲に燃えていらっしゃることと存じますが、私からも少しばかり仕事上のアドバイスをさせていただきます。

　仕事をしていくうえで大切なのは、もちろん仕事力ですが、もう一つ重要なのが人間力です。人間力とは何でしょう。私は、それを精神力とコミュニケーション力としてとらえています。★仕事に失敗はつきものです。一度も失敗したことがない人なんていません。もしいたら、その人に進歩はないでしょう。失敗を乗り越え、成功に転化する精神力、それが人間力です。また、仕事は一人でするものではありません。多くの人との関わり合いで成り立っています。人々と関係をもち、お互いの理解を深め、仕事を進めていくコミュニケーション力、それが人間力です。

　皆さん、たくさん失敗してください。人々の環《わ》の中にどんどん入っていってください。そして、皆さんの人間力を高めていってください。このことを心のどこかに留めていただければ幸いです。

入社式の挨拶の組み立て

祝辞　入社を祝い、歓迎の言葉を述べる。

＜

要望と期待　新入社員への要望と期待を述べる。

＜

結びの言葉　励《はげ》ましの言葉を述べ、挨拶を結ぶ。

ここがポイント

　会社の経営方針や理念は社長に任せ、新入社員の心構えなどについて話すといいでしょう。
　管理職の立場から、失敗してもいいんだよ、とプレッシャーを与えないようにすることで、不安を取り除いてあげましょう。

★バリエーション

　フランスの作家ロマン・ロランの言葉に「決して誤ることのない者は何事もなさない者ばかりである」というのがありますが、まさにそのとおりではないでしょうか。

話し手
先輩代表（男性）

入社式での挨拶③【職場の先輩】

▼仲間として歓迎し、ともに働く喜びを伝える▲

2分

祝辞 / 体験と感想 / 結びの言葉

新入社員の皆さん、本日は、入社おめでとうございます。私たち、先輩社員一同、すばらしい後輩諸君を心より歓迎いたします。

皆さんは、今、希望に溢《あふ》れている一方で、少しばかり不安を感じていらっしゃることでしょう。よく分かります。私もそうでしたから。ですから、①知らないこと、分からないことは、遠慮せずに聞いてください。こんなこと聞いたら馬鹿にされないか、笑われないか、そんな心配はご無用です。先輩たちはニヤッと笑って答えてくれるでしょう。内心、自分たちも通ってきた道だと思いながら。いつになったら不安はなくなるのでしょうか。多分、不安が尽きることはないでしょう。現在の私がそうですから。しかし、仕事をしていくうえで、不安というものは必要なものではないでしょうか。不安があるからこそ、不安の種《たね》を取り除こうと一生懸命《けんめい》考え、いい仕事ができるのだと思います。でも、不安に押しつぶされては元も子もありません。②一人で悩まないでください。そんなときのために先輩はいるのです。当てにしてください。

今日から、皆さんはわれわれの仲間です。お互いに協力し合って、いい仕事をし、いい会社にしていきましょう。

入社式の挨拶の組み立て

祝辞 ＜ 体験と感想 ＜ 結びの言葉

祝辞 入社を祝い、歓迎の言葉を述べる。

体験と感想 自分たちの経験や感想などを率直に述べる。

結びの言葉 励《はげ》ましの言葉で、挨拶を結ぶ。

ここがポイント

あまり、先輩風を吹かせないようにすることが肝心です。かといって頼りにならない先輩という印象を与えても困ります。一日《いちじつ》の長《ちょう》としての体験を率直に語り、仲間意識とともに安心感を与えるようにしましょう。

ここをチェック！

①②新入社員は、それこそ右も左も分からず、不安なもの。自分たち、先輩がついているから、安心してほしいというメッセージを送ってあげましょう。

話し手
新人代表（男性）

入社式での挨拶④［新入社員］

▼盛大な入社式を感謝し、企業人としての成長を誓う▲

2分

謝辞	抱負と決意	結びの言葉

本日は、私どものために、このように盛大な入社式を開催していただき、本当にありがとうございます。ただ今、①矢代社長、若狭部長、華山先輩から、温かく心のこもった歓迎のお言葉をいただきまして、感激でいっぱいでございます。新入社員を代表し、厚くお礼申し上げます。

新入社員一同、それぞれの思いを胸に抱いて入社式に臨んでいることと思いますが、一日も早く会社に溶け込み、一人前になって会社の役に立ちたいということでは、皆一致していると思います。しかし、一方で、果たして期待に応《こた》えられるだろうかと、少なからず不安を抱いていることも、また同じだろうと思います。ですから、先ほど②「じっくりと腰を据《す》えて仕事を覚えてほしい」「分からないことは何でも聞いてください」「一緒に楽しくやりましょう」という、ご理解ある優しいお言葉をいただきましたことは大変うれしく、目いっぱい入っていた肩の力もふっと抜けた感じがいたしました。今後、虚心坦懐《きょしんたんかい》に、日々の精進を怠《おこた》らず、社会人として、また企業人として成長してまいりたいと存じます。

至らないところは多々あることと思いますが、どうぞ、よろしくご指導、ご鞭撻《べんたつ》くださいますようお願い申し上げます。

入社式の挨拶の組み立て

謝辞　入社式のお礼を述べ、祝辞に感謝する。
＜
抱負と決意　入社にあたっての抱負や決意を述べる。
＜
結びの言葉　今後の指導や支援を願い、挨拶を結ぶ。

ここがポイント

新入社員の挨拶は初々《ういうい》しさが何よりです。素直に喜びを述べ、謙虚な態度で臨みましょう。あまり大げさな抱負や自信たっぷりの決意表明は場を白けさせます。

ここをチェック！

①社長、専務、部長、先輩などの名前や役職は間違えないように、メモをとるなどして、事前にチェックしておきましょう。

②祝辞にいただいた社長の言葉などをうまく引用すると、印象深いものになります。

話し手
新人代表（女性）

入社式での挨拶⑤【新入社員】

▼入社の喜びを語り、先輩の指導を仰ぐ▲

2分

謝辞	抱負と決意	結びの言葉

新入社員を代表いたしまして、一言、ご挨拶《あいさつ》申し上げます。

本日は、このようにすばらしい入社式を催《もよお》してくださいまして、心より感謝申し上げます。改めて、入社しました喜びをかみしめております。

私が、○○社に入社したいと思いましたきっかけは、会社訪問のときのことです。当時は、足を棒《ぼう》にして会社巡りをしておりましたが、社員の皆様がいちばん生き生きとしており、さっそうと社内を闊歩《かっぽ》していたのが、○○社だったのです。それも道理、先ほど城下社長のお話を伺《うかが》いましたが、「社員こそが会社の財産、宝である」という信念のもと、職場の環境づくりをなさっているとのことでございました。

★そういう職場で働けますことは、何て幸せなことでしょう。とは申しましても、私たち新入社員は、職場に第一歩を踏み出したばかりで、まだ右も左も分かりません。先輩の皆様をよきお手本といたしまして、一から学ばせていただく所存でございます。そして、一刻も早くご期待にそえるよう、鋭意、努力してまいりたいと思います。

どうぞ、厳しく、気長にご指導くださいますようお願い申し上げます。

皆々様、本日は、まことにありがとうございました。

ここがポイント

男女の代表としての挨拶の場合は、女性という立場は簡単に触れるにとどめ、全体の話に比重をおくようにします。

★バリエーション

先ほどは、山際社長の温かい歓迎のお言葉を伺い、期待にぜひお応《こた》えしたいという気持ちが沸々《ふつふつ》と湧《わ》いてまいりました。柴田部長のお話でも、職場の雰囲気《ふんいき》は底抜けに明るいと伺い、ますますやる気が出てまいりました。皆まだ未熟者ではありますが、どうかよろしくお願いいたします。

話し手
社長（男性）

新年の挨拶

▼新年の喜びを述べ、変化の年にチャレンジ精神を説く▲

4分

祝辞	回顧と反省

皆さん、明けましておめでとうございます。こうして、全員が元気に新年を迎《むか》えることができましたことは、まことに喜ばしい限りです。

私事で恐縮ですが、私は、ここ数年、初日の出を拝《おが》みに近隣の山に登ることを慣《なら》わしとしておりましたが、今年は長期休暇だったことも手伝い、「牛に引かれて善光寺参り」ならぬ、妻に引かれて、サハラ砂漠の日の出を拝んでまいりました。太陽と砂漠が織りなす雄大で荘厳《そうごん》な光景には、簡単には言葉に表せないほどの感動を覚えました。久しぶりに命の洗濯《せんたく》ができ、新たなエネルギーが湧《わ》いてきたように思います。皆さんも思い思いの休暇を過ごされ、英気を養われたことでしょう。

さて、日本経済も長い間の低迷期を抜け出して、生産、購買、雇用とも前年比を上回る発展ぶりですが、まだ大企業中心だといわれ、なかなか中小までは下りてこない面もあるようです。① 幸い、当社では、毎年、新たに開発している冷凍食品の売り上げが好調で、ここ数年、右肩上がりの成長を続けております。これも偏《ひとえ》に各職場で、それぞれ頑張ってくれている皆さんのお陰です。しかし、決して安閑《あんかん》としてはいられません。高級レストラン・ブームもあって、お客様の舌は肥え、満足度のハードルも高く

新年の挨拶の組み立て方

祝辞 新年を祝い、喜びを述べる。
＜ **回顧と反省** 前年の業績を回顧《かいこ》し、反省点を述べる。
＜ **抱負と決意** 今年の抱負を掲げ、決意を述べる。
＜ **結びの言葉** 今後への期待を述べ、激励《げきれい》する。

ここがポイント

「一年の計は元旦にあり」というように、企業においても、新年の社長の挨拶は、その年の抱負を語り、社員の気持ちを一つにする重要な儀式です。そのことを念頭におき、社員の気持ちを高揚《こうよう》させ、やる気を起こさせるように話を組み立てます。

しかし、最初から最後まで叱《しっ》咤《た》激励では、かえって逆効果になりますから、軽い話も織り交ぜて話すといいでしょう。

結びの言葉	抱負と決意

なっています。また、食には流行があり、去年流行《はや》ったものが今年も受けるとは限りません。常に研究、開発を怠《おこた》らず、お客様の満足を得ることを心がけなければなりません。

②現在、世界はめまぐるしい変化の最中にあります。日本も、構造改革が唱えられ、これまた、激しい変化にさらされています。このような国内外の激動に対して、企業も何らかの対応や変化を迫られております。こうした背景を踏まえ、当社でも、本年度はまずシステムの総点検を行い、全体の刷新をはかります。システムが固定化すると、風通しが悪くなり、活気が失われがちになります。その結果、自由な意見の交換が行われなくなり、アイディアも枯渇《こかつ》してきます。今年は、特に新商品の開発に力を入れたいと思っておりますので、新たなプロジェクトを複数立ち上げ、幅広くアイディアを求めていくつもりです。我こそはと思う人の参加を期待しておりますので、変化を恐れず、チャレンジしてください。

企業というものは、守りの姿勢に入ったら終わりです。常に新しいことに挑戦していかなくては、企業の存在理由はないといっていいでしょう。過去を振り返ってみましても、挑戦、挑戦、挑戦の繰り返しが、ここまで会社を大きくしてきました。それこそ、当社の持ち味なのです。

ここに新年を迎えまして、また、新たな挑戦の年が始まりました。特に、今年は、さらなる飛躍への正念場と位置づけております。③皆さん、ともに手を携《たずさ》えて、一緒に大きな果実をつかみ取りましょう。

ここをチェック！

①最初は、軽い話から入るようにすると、構えずに聞いてもらえるでしょう。

②景気のいい話のあとは、一転、引き締める言葉をもってくると、話にダイナミズムが生まれ、気持ちを惹《ひ》きつけることができます。

③最後に、呼びかける言葉をもってくると、明るく意気軒昂《いきけんこう》な雰囲気《ふんいき》で締めくくることができます。

話し手
幹事（男性）

新年会での挨拶

▼昨年の活況を喜び、今年の繁栄を祈る▲

2分

祝辞

明けまして、おめでとうございます。本日、幹事を仰《おお》せつかりました総務部の手塚です。ふつつか者ですが、よろしくお願いします。

回顧と進行

皆さん、よい年末年始をお過ごしになったようで、晴れやかな表情がまぶしいようですね。昨年は、どのセクションも忙しく、一生懸命《けんめい》頑張ったと聞いています。それは、会社が活況を呈し、充実した年だった証拠だと思います。あ、社長もうなずいていらっしゃいます。今年も、繁栄の年になるよう、努力したいと思いますが、今はまず、つつがなく迎《むか》えた新年をお祝いいたしましょう。飲み物は、会社で用意したのに加えまして、新年の挨拶《あいさつ》にクライアント様からいただいたものもあり、質、量、種類とも豊富です。今日の無国籍料理といいますか多国籍料理といいますか、料理のほうも選《よ》りどり見どりでお試しいただけます。また、毎年、新入社員が余興《よきょう》を担当し、創造力やセンスが問われることになっておりますが、今年は何が飛び出すでしょうか。楽しみに待ちましょう。

結びの言葉

それでは、まず最初に社長のお言葉をいただきたいと思います。そのあと、総務部長に乾杯の音頭《おんど》をとっていただきますので、お酒のご用意をしておいてください。では、社長、どうぞ。

新年会の挨拶の組み立て

祝辞　新年を祝い、自己紹介をする。

＜

回顧と進行　昨年を回顧《かいこ》し、進行予定を述べる。

＜

結びの言葉　挨拶を呼びかけ、開始を告げる。

ここがポイント

幹事の役割は、新年会を盛り上げ、スムーズに進行させることです。明るく、てきぱきとした話し方を心がけましょう。会の進行予定の説明だけでは味も素《そ》っ気《け》もなくなりますから、昨年の回顧を少し盛り込んだり、ユーモアを交えたりすると、挨拶にも幅が出ます。

ここをチェック！

「リフレッシュ」「元気な顔」「すがすがしい」など、新年にふさわしい言葉を加えましょう。

話し手
幹事（男性）

新年名刺交換会での挨拶【主催者】

▼会を通じて、親睦の環を広げることを奨励する▲

2分

祝辞	会の主旨と期待	結びの言葉

皆様、新年おめでとうございます。お忙しい中、かくも大勢の方々にご出席いただき、まことにありがとうございます。本日、幹事を務《つと》めさせていただく○○物産営業部の麻生と申します。

例年、新年早々に行われます、この名刺交換会も名物行事となりまして、参加者も年々増え、盛況《せいきょう》を呈するようになりましたことは、まことに喜ばしいことと存じます。当会を単なる新年の飲み食いの場に終わらせず、お互いの親睦《しんぼく》や交流を深めていただくことで、新たな創造につなげていただきたいと思っております。実際に、毎年、この会を通じて新しいネットワークやプロジェクトが誕生しており、いささかなりとも経済全体の活性化に役立っているのではないかと思いますが、これも参加してくださっている皆様のお陰と存じます。今年も新しい方々が随分《ずいぶん》お見えになっていらっしゃいますが、ここを新たな出会いの場として、飛躍していただきたいと願っております。

それでは皆様、どうもお待たせいたしました。立食ではございますが、飲み物、食べ物の準備も整ったようでございます。△△産業の野際様、乾杯の音頭《おんど》をお願いいたします。

名刺交換会の挨拶の組み立て

祝辞 新年のお祝い、出席のお礼を述べ、自己紹介をする。

＜

主旨と期待 会の主旨《しゅし》を説明し、期待を述べる。

＜

結びの言葉 乾杯をし、交換会の始まりを告げる。

マナー

名刺交換のルールとマナー

- 名刺の上を手前にして、右手で渡します。
- 年上から年下へ、地位の高い人から低い人へ、訪問者から非訪問者へ先に渡します。
- 名刺は「○○さんですね」と確認して両手で受けます。
- 受け取ったら、しばらく眺めたあと、おもむろにしまいます。
- 同行者がいる場合は、同行者を先に紹介します。

話し手
課長（男性）

仕事始めの挨拶［職場の上司］

▼新年の再会を喜び、仕事の協力態勢を訴える▲

2分

祝辞	回顧と抱負	結び

皆さん、新年、おめでとうございます。年末年始の休暇を満喫《まんきつ》し、リフレッシュできたでしょうか。だいじょうぶですね。皆さん、目が輝いて、いいお顔をしていますから。

さて、昨年は、皆さんが、必死に頑張ってくれたお陰で、課の当初の販売目標を大幅に上回ることができ、社長賞までいただいたことは、うれしい限りです。これも、皆さんが一致団結して、お互いを助け合った結果で、①この課の身上である、結束の固さを物語るものだと思います。本当にご苦労様でした。しかし、去年は去年、いつまでもその余韻《よいん》に浸《ひた》っているわけにはいきません。特に、今年は従来の製品展開に加えて、新製品の販売計画が目白押《めじろお》しです。そのどれをこの課が引き受けるか分かりませんが、新たな挑戦の年になることは間違いありません。昨年以上に忙しくもなってくるでしょう。余裕がなくなってくるかもしれません。②そんなときこそ、相手を思いやる気持ちを忘れないようにしましょう。困ったとき、辛《つら》いときは私に相談してください。みんなで一緒に解決策を考えましょう。

③それでは、休暇から仕事へとモードを切り替えて、スタートです。

仕事始めの挨拶の組み立て

祝辞
新年の祝辞を述べる。

＜

回顧と抱負
昨年を回顧《かいこ》し、今年の抱負を述べる。

＜

結びの言葉
気合いをかけて、挨拶を結ぶ。

ここがポイント

自分の課内での挨拶になりますから、少しくだけた感じでもかまわないでしょう。今年の仕事に対する抱負はきちんと述べます。

ここをチェック！

①課内の挨拶なので、「この課」は、「うちの課」というくだけた言い方でもOKです。

②課内の結束を求める言葉や、協力を約束する表現を盛り込みます。

③景気のよい言葉で締めくくります。

話し手
社長（男性）

忘年会での挨拶①

▼激動の一年を回顧して、社員の労をねぎらう▲

2分

始めの言葉	回顧と抱負	結びの言葉

皆さん、この一年間、まことにご苦労様でした。日ごろからの皆さんのたゆまぬ努力に対し、この場をお借りして心から感謝申し上げます。

思い起こせば、今年は大変な激動の年でしたね。皆さんも、ご承知のように、この業界でも外資の日本市場参入がありました。当社も前半、守勢に回り、苦境に立ちました。しかし、そのことを見越して、数年前から手がけておりましたプロジェクトが功を奏《そう》し、秋口からは業績が伸びてきました。ただ、年間を通してみれば、前半の不振がたたり、結局、昨年比では横ばい状態に終わりましたが、秋口からの伸びは来年に本格化してきます。その意味では、明るい見通しをもって、一年を終えることができまして、ホッとしているところです。

皆さんも懸命《けんめい》に頑張って、どうにか攻勢を押し戻すことができて、同じ気持ちでいることと思います。外資との競争もこれからが正念場ですから、今後も気を抜くことはできませんが、今日は仕事のことはいっさい忘れて、いったん肩の荷を下ろすことにいたしましょう。

★私からは皆さんに、故郷の鹿児島から取り寄せた幻の名焼酎をプレゼントいたします。どうぞ、無礼講《ぶれいこう》で、思い切り楽しんでください。

★バリエーション

それでは、皆さん、料理もお酒もそろっているようです。ただ今から、仕事の話は御法度《ごはっと》です。飲みかつ食べ、おしゃべりをして、この一年の苦労を洗い流してください。

ここがポイント

たとえこの一年が厳しい年でも、明るい要素を取り出したり、来年への希望的な見通しを述べるなど、社員を元気づけるように心がけましょう。

また、社員の労をねぎらうことを忘れずに。

忘年会の挨拶の組み立て

始めの言葉
一年の労をねぎらい、感謝の言葉を述べる。

＜

回顧と抱負
一年を回顧《かいこ》し、来年の抱負を述べる。

＜

結びの言葉
会の開始や盛会を呼びかけて、挨拶を結ぶ。

社内恒例行事
仕事始めの挨拶／忘年会での挨拶

話し手
幹事（女性）

忘年会での挨拶②

▼クルーズでの会の楽しみ方を伝える▲

2分

始めの言葉	会の内容と進行	結びの言葉

今年も余すところあとわずかとなりました。皆さん、公私ともにいろいろお忙しいことと思いますが、今夜は思いっきり楽しんで、一年間の疲れやモヤモヤを一気に吹き飛ばしてしまいましょう。

私たち幹事を仰《おお》せつかりまして、どのように趣向《しゅこう》を凝《こ》らしたら、皆さんに楽しんでいただけるか、仕事以上に情熱を傾けて相談いたしました。その結果、豪華船を借り切っての東京湾クルージングとなったしだいです。食事は着席のビュッフェ・スタイルになっておりますので、お召し上がりになりながら、落ち着いてご歓談いただけます。お飲み物はフリードリンクで、いろいろ取りそろえております。先ほどから生《なま》演奏が響いているかと思いますが、ご希望の方には歌伴奏もしていただけるとのことです。こんな機会は滅多にありませんから、我こそは、と思われない方も、どうぞ、ご遠慮なく。ダンスもできますよ。ちょっぴり飲み過ぎてしまった方は、デッキに出てください。美しい夜景、やさしい潮風に心が癒《いや》されることでしょう。どうぞ、皆さん、思い思いに楽しんでください。

それでは、榊原常務、乾杯の音頭《おんど》をお願いいたします。皆さん、グラスをお手にしてください。

忘年会の挨拶の組み立て

始めの言葉　一年の労をねぎらい、そのあと、会に誘《いざな》う。

回顧と内容　一年を回顧《かいこ》し、会の次第を説明する。

結びの言葉　乾杯や会の具体的な始まりを告げる。

ここがポイント

幹事の重要な役割は会を盛り上げ、皆がくつろげるリラックスした雰囲気《ふんいき》をつくりだすことです。明るく、元気な声で。忘年会は社風や行われる場所によっても雰囲気が違ってきます。その場にふさわしい挨拶を考えましょう。

一年の回顧や仕事の話は、ほかの挨拶との関係で、入れる場合と入れない場合があります。状況に応じて判断しましょう。

話し手
部長（男性）

仕事納めの挨拶［職場の上司］

▼活気に溢れた一年を振り返り、労をねぎらう▲

2分

始めの言葉

今年もいよいよ最後となりました。この一年間、本当にお疲れ様でした。しかし、皆さん、爽《さわ》やかな顔をしていますね。大変だったけれど、充実した年だったからでしょうか。

回顧と抱負

★私たち販促《はんそく》部は、若くて個性的な面々がそろい、毎年、いろいろな意味で元気なのですが、今年はひときわ活気に溢《あふ》れていました。一つは、新しく提案した販促ツールが採用され、全員が協力して実現に取り組み、成果を上げたことです。特に、営業部からは、ノベルティがよかった、ウェブが効果的だった、など、いろいろお褒《ほ》めの言葉をちょうだいしました。もう一つは、結婚、子どもの誕生が相次いだことです。ほかの部署からは、結婚紹介所かと、やっかみ半分に冷やかされたほどですが、部内の雰囲気《ふんいき》を明るくしたのは事実です。要するに、部全体として、公私ともに充実していたというわけです。この勢いを今年だけで終わらせず、ぜひ来年まで持ち越していきたいものと思っております。

結びの言葉

改めて、皆さんの一年間のエネルギッシュな活躍に対して、心から感謝いたします。年末年始の休みは、ゆっくりとして英気を養い、家族団らんを楽しんでください。年明けには元気にお目にかかりましょう。

仕事納めの挨拶の組み立て

始めの言葉：一年の活動に感謝し、労をねぎらう。

＜

回顧と抱負：一年を振り返り、来年の抱負を述べる。

＜

結びの言葉：よい休暇を願う。

ここがポイント

部の長としての立場を踏まえた内容にしましょう。いずれにしても、明るい話題を取り上げ、よい雰囲気で一年を締めくくりましょう。

★バリエーション

この一年、業界全体が冷え込んだ中にあって、当部署は非常に健闘いたしました。その背景には、社員の再教育プログラムがあったのではないかと思います。各セクションで、かなり厳しいプログラムが組まれましたが、日常の仕事で忙しいにもかかわらず、皆さん、よく頑張ってくれました。心から感謝いたします。

話し手
社長（男性）

社員旅行での挨拶①

▼幹事の労をねぎらい、リフレッシュを期待する▲

2分

始めの言葉

今日は、爽《さわ》やかな秋晴れに恵まれ、格好《かっこう》の旅行日和《びより》となりました。今年は恒例《こうれい》の「歴史の旅」第五回ということで、有間皇子《ありまのみこ》の足跡と南紀白浜温泉を訪れることになりました。今年も幹事の皆さん、歴史の資料調べから始まり、準備に奔走《ほんそう》され、このようなすばらしい歴史や観光の資料までつくってくれました。本当にご苦労様でした。

日ごろの状況と感謝

日ごろ、皆さんが、多くの企業が鎬《しのぎ》を削《けず》る厳しい業界で、一生懸命《けんめい》働いてくれていることは、よく承知しております。ゆっくり温泉に浸《つ》かっている暇はない、との声も一部では聞きましたが、それだからこそ、仕事を離れて骨休めをし、リフレッシュすることが必要だと思っております。ここでは、有間皇子が療養のため訪れたという牟婁《むろ》の湯をはじめ、岩風呂、露天風呂など、いろいろな温泉が楽しめるそうで、ゆっくりと心身の疲れを癒《いや》すことができるのではないでしょうか。すでにいくつかの温泉をはしごした人も多いようですが、かくいう私もあちこちの湯で皆さんと顔を合わせ、裸の付き合いをさせていただきました。

結びの言葉

このあとの宴会、明日の観光とも一緒に楽しみたいと思います。それでは、皆さんの健康と活躍を祝して、乾杯といきましょう。

社内旅行の挨拶の組み立て

始めの言葉 幹事の労をねぎらう。

状況と感謝 日ごろの努力を称《たた》え、慰労を願う。

結びの言葉 旅行を盛り上げ、乾杯をする。

ここがポイント

社員旅行は、日ごろ触れ合う機会の少ない社員と交流するよい機会です。社長風を吹かさず一緒に楽しむ姿勢で臨みます。仕事の話は、楽しい旅行の席ではあまり歓迎されません。日ごろの仕事ぶりやその努力を感謝する形で触れるようにするとよいでしょう。

ここをチェック！

幹事の労は必ずねぎらってあげましょう。

話し手
幹事（女性）

社員旅行での挨拶②

▼会社の繁栄を喜び、癒しの旅へ誘う▲

2分

始めの言葉	旅行の主旨と説明	結びの言葉

★①皆さん、バス、飛行機、バスと移動が続き、本当にお疲れ様でした。やっと、ここグアムのホテルに到着し、ホッとされたことでしょう。お部屋はすべてタモン湾に面したオーシャン・ビューになっておりますので、さっそくバルコニーからの風景を楽しまれたことと思います。

この数年、当社では、社員旅行も海外ということになっておりますが、これも会社が順調な証拠で、本当に喜ばしいことだと思っております。旅行先につきましては、毎年アンケートをとっておりますが、グアムは近くて便利なうえ、楽しめる要素も多いということで、二回目になりました。プライベートにいらしている方も多いかと思いますが、実際、何度訪れても、すばらしいところだなと思います。明日は、島内一周巡りのツアーとマリンスポーツの二手に分かれますが、明後日は出発まで自由時間となっておりますので、海岸の散歩やショッピングなど、思い思いにお過ごしください。

★②それでは、皆さん、お待ちかねの宴会です。グアムの伝統であるチャモロ料理をメインに、お刺身、天ぷらなど日本料理も用意してございます。それでは、天童社長から、一言ご挨拶《あいさつ》をお願い申し上げます。

社内旅行の挨拶の組み立て

始めの言葉 到着をねぎらい、旅行の始まりを喜ぶ。

＜ **主旨と説明** 旅行の主旨や旅程を説明する。

＜ **結びの言葉** 宴会の開始を告げ、乾杯をする。

ここがポイント

旅行の開始時、宴会の開始時、散会時など、各段階で話す内容も違ってきます。前もって伝えるべき事柄を押さえておきます。

★バリエーション（終わりの挨拶）

①皆さん、本日はお疲れ様でした。至らないところも多々あったかと存じますが、皆さんのご協力で、全員、病気や怪我《けが》もなく、無事に旅行を終えることができました。

②それでは、ここで解散といたします。本日は、最後までお付き合いいただき、ありがとうございました。

話し手 管理職（男性）

研修会での挨拶①

▼新入社員の研修会で、学ぶ大切さを説く▲

2分

始めの言葉	研修の目的と意義	結びの言葉

新入社員の皆さん、おはようございます。総務部長の斎木です。本日、皆さんを新入社員研修会にお迎《むか》えできたことをうれしく思います。①二週間の長丁場《ながちょうば》ですので、まず肩の力を抜いてリラックスしてください。

当社では、今年、大幅に採用人員を増やしました。これは新しい物づくり、新しいプロジェクトの開発に向けてのことで、待ちの姿勢ではなく、積極的な事業展開をはかる経営方針から出たことです。そういう中にあって、皆さん方の役割は非常に大きいものがあり、いずれは会社を引っ張っていってほしいと考えております。そのためには、これから皆さんが学ぶべきことはたくさんあると思います。仕事内容はもちろんのこと、世の中の動き、社会人としての役割、企業人としての立場、人間関係等々、多岐《たき》にわたります。今回、当社では、研修に特に力を入れ、充実したプログラム内容にできたと自負してはおりますが、今日からの研修は、単なる第一歩にすぎません。いちばん重要なのは、この研修を通して、学ぶということを学んでいただくことだと思っております。

②それでは、皆さん、研修が終わりましたら、当社の一員として、一緒に楽しく仕事をしてまいりましょう。期待しております。

研修会の挨拶の組み立て

始めの言葉 自己紹介を兼ねて、歓迎の意を表する。

目的と意義 研修の目的を伝え、その意義を説く。

結びの言葉 今後への期待を述べる。

ここがポイント

管理職は、細かい研修内容などはあとの幹事に任せ、研修会の目的や意義について端的に述べます。特に、新入社員の研修会では、なるべく専門的な言葉を使わず、平易に。

ここをチェック！

①はじめに、緊張をほぐす言葉をかけるといいでしょう。

②研修終了後、新しい仕事仲間として期待していることを伝えます。

話し手
幹事（男性）

研修会での挨拶②

▼新商品の研修会で、研修内容を説明する▲

2分

始めの言葉

皆さん、お忙しいところ、全国各地からご出席いただきまして、ありがとうございます。①今回は、新商品のデジタル・カメラの研修会で、二泊三日の日程です。私は幹事を務《つと》めます総務部の柴崎でございます。

研修の目的と内容

ここ数年、開発に取り組んでおりました新しいデジタル・カメラがようやく完成いたしました。これは他社に先駆《さきが》けた、数々の最先端機能が搭載《とうさい》されたもので、なおかつ誰《だれ》もが使いやすいユニバーサル・デザインになっております。デジタル・カメラでは、業界を常にリードしてまいりましたが、この新商品で春から大攻勢をかけ、一気にリードを広げたいとのことでございます。そこで皆さんのご協力を仰《あお》ぐしだいです。研修のスケジュールを簡単に申し上げますと、②第一日目は、開発部から、新製品についての詳しい説明がございます。二日目は、マーケティング部から現在の市場の動向や消費者のニーズの分析を伝えてもらいます。三日目は、販促《はんそく》部からさまざまな販促ツールについてお話しがあります。最後に、お疲れ様パーティーを予定しております。

結びの言葉

この研修で新製品についてのご理解を深め、好きになっていただき、今後の販売活動に取り組んでいただければと思っております。

研修会の挨拶の組み立て

始めの言葉 研修会参加を感謝し、労をねぎらう。
＜
目的と内容 研修会を開いた目的と、内容を述べる。
＜
結びの言葉 研修後の活躍を期待し、挨拶を結ぶ。

ここがポイント

企業の研修にはさまざまな種類があり、幹事の挨拶も多少違ってきますが、参加者をねぎらうこと、研修の目的と内容を伝えることは同じです。

ここをチェック！

①はじめに研修のテーマ、目的、日程について、きちんと伝えます。

②具体的なスケジュールについて、あらかじめ連絡し、研修に臨んでもらうようにしましょう。

話し手
部長（男性）

懇親会での挨拶①【職場の上司】

▼部内の懇親会で、会の楽しさを語る▲

2分

結びの言葉	設立の意義と効果	始めの言葉

皆さん、本日は、お忙しい中、営業部の懇親会にお集まりいただきまして、ありがとうございます。前回は、イベント開催のため、皆さん忙しく、一回抜けてしまいましたので、久しぶりの顔合わせになります。

七年前、誰《だれ》がということもなく自然発生的に発足したこの懇親会も、会を重ねるごとに盛会となり、部の長としても本当にうれしく思っています。もともと当営業部は、多くの課に分かれ、仕事柄、部員も外出が多く、親しく語り合う機会がありませんでした。それが、会の発足以来、部内の人間関係がずっと和気藹々《わきあいあい》としたものになり、仕事上でも協力態勢がより緊密になりましたね。といって、会では、別に問題を取り上げて議論するわけではなく、ただ集まっておいしい料理をつつき、酒を酌《く》み交わしながら話すだけなのですから、不思議といえば不思議です。しかし、それがかえって肩肘《かたひじ》張らない付き合いになり、親睦《しんぼく》を深めているのでしょう。私自身、誰よりもこの会を楽しみにしていると思います。

今日も第三課の人たちが幹事になって、いろいろ準備をしてくれました。ご苦労様でした。また、次回は、旅行を計画していると聞いています。部のますますの繁栄を願って、まずは乾杯とまいりましょう。

懇親会の挨拶の組み立て

始めの言葉：参会にお礼を述べ、会合の喜びを伝える。
＜
意義と効果：会の存在意義を述べ、その効果を語る。
＜
結びの言葉：乾杯をし、会の開始を呼びかける。

ここがポイント

懇親会にはさまざまなものがあり、その種類によって、多少挨拶も違ってきます。いずれにしても、会を盛り上げ、楽しくするような挨拶を心がけることが大切です。

ここをチェック！

部内の懇親会などでは、部長の存在はどうしても煙たがられる傾向にあります。自分も懇親会を楽しみにしていることをアピールし、仲間であることを伝えましょう。

話し手
幹事（女性）

懇親会での挨拶②

▼同期入社の懇親会で、その存在意義を語る▲

2分

始めの言葉	設立の意義と効果	結びの言葉

本日は、同期入社の懇親会に、皆さん、大勢お集まりくださいましてありがとうございます。今回、幹事を務《つと》めます、宣伝部の水谷です。

★私たち同期入社組も、入社以来三年を過ぎましたが、一人の退職者もなく、皆よく頑張っているなと思います。それもこの懇親会のお陰かもしれません。とにかく遊び好きがそろっていて、懇親会といっては集まって遊んでいましたよね。でも、そんな遊びの中から、仕事や恋の悩みを自然に話せるような雰囲気《ふんいき》が生まれ、ストレスも解消され、また仕事に戻っていくエネルギーを得ているのではないかしらと思います。最近は、皆さん、仕事も恋も落ち着いてきたようで、もっぱら仕事の自慢話や恋ののろけ話が多くなっているようですが、よろず悩み相談所は引き続き開いているので、いざというときはどうぞ。

今回は、一泊旅行ということで、長瀞《ながとろ》でラフティングののち、温泉で節《ふし》々《ぶし》の痛みを癒《いや》すというコースですが、皆さん、楽しんでいただけたでしょうか。え、ラフティングにやみつきになりそう？　実は私もです。

それでは、おいしい料理を楽しみながら、今日の奮戦ぶりについて大いに歓談することにしましょう。足立君、乾杯の音頭《おんど》をお願いします。

★バリエーション

■サッカー同好会

当懇親会は、結成して五年、いずれ劣らぬファンの集まりで、三度の飯は抜いてでもサッカーの話をしていれば満足という輩《やから》の集まりです。

それぞれ贔屓《ひいき》チームのサポーターとして、お国自慢ならぬわがチーム自慢でうるさいことうるさいこと。しかし、ワールドサッカーでは、全会あげて応援に血道を上げ、仕事が許す限り徒党を組んで現地に駆けつけます。今日も、代表選手の選出や戦略について、きっと議論百出のことでしょう。大いにやってください。ただし喧嘩《けんか》は御法度《ごはっと》です。

話し手
本部長（男性）

支店長会議での挨拶［司会者］

▼業界の動向を報告し、活発な討論を促す▲

2分

始めの言葉

ただ今から、支店長会議を始めさせていただきます。私、本日、司会を務《つと》めさせていただきます、本部長の北條でございます。

業界の状況と支店の現状

外食産業業界も一時期の苦境を脱したとは申せ、まだまだむずかしい状況にございます。お客様のニーズが多様化していることに加え、庶民的で安い、セレブ的で高い、という二極化があるように思います。しかし、共通しているのは、おいしくなければお客様の支持は得られないということです。なかでも私たちのようなファミリー・レストランは、幅広い年齢層のニーズに応《こた》えなければならず、また、メニューがマンネリにならないよう、常に工夫していかなければなりません。支店長会議といえば、とかく売り上げ云々《うんぬん》を問題にしがちですが、それはあくまでも前向き、建設的な対応に結びつかない限り、意味がありません。

結びの言葉

今回は、来春からの大幅なメニュー見直しを控《ひか》えての会議になります。すでに、各支店長から問題提起をしていただいており、それらも参考に会議のプログラムを組んでおります。どうぞ、皆さん、各支店から、それぞれの問題点や忌憚《きたん》のないご意見を出していただき、活発に討議を進めたいと思っております。では、どうぞよろしくお願いいたします。

支店長会議の挨拶の組み立て

始めの言葉 自己紹介を兼ねて、会議の開始を告げる。
＜
状況の説明 業界の状況を分析し、支店の現状を述べる。
＜
結びの言葉 活発な討議を期待して、挨拶を結ぶ。

ここがポイント

支店長会議での司会の役割は、各支店の業績をあげつらうのではなく、建設的な会議になるよう、リードしていくことです。特に成績のかんばしくない支店名や支店長名をあげるときは、その扱い方に注意をします。

話し手
担当部長（男性）

緊急臨時会議での挨拶［司会者］

▼地震による緊急事態に対処する▲

2分

始めの言葉	緊急招集の主旨と現状報告	結び

皆さん、お忙しいところ、突然の招集で恐れ入ります。ご承知のように、先ほど震度5強の地震が発生しましたので、予定通り災害対策本部を立ち上げました。早速、緊急会議を始めさせていただきます。

★エレベーターは地震時管制運転システムによって最寄りの階に緊急停止し、扉が開くことになっておりますが、システムの付いていないところでは、かご内閉じこめが発生していることと思います。すでに各営業所には緊急電話が鳴り響いているとのことです。余震の発生も踏まえながら、早急に閉じこめからの乗客の解放、緊急停止したエレベーターの再稼動をはからなければなりません。同震度だった前回の□□地震では完全復旧までに約二〇時間もかかり、お客様にご迷惑をおかけしました。そのためにシステムを総合的に見直し、新しいシステムをつくりあげたしだいで、今回はそのシステムに則《のっと》れば、完全復旧まで七時間を切ることになっております。前回のような事態は許されませんので、各セクションで新システムを機能させて、問題の早期解決に努めるようお願いいします。不測の事態が発生した場合は、私のほうまで早めにご連絡ください。

それでは、これまでに集まったお客様情報の報告からお願いします。

緊急会議の挨拶の組み立て

始めの言葉 ＜ 緊急招集に対する詫《わ》びを述べる。

主旨と報告 ＜ 緊急招集の理由を述べ、現状を報告する。

結びの言葉 ＜ 発言を促し、本題に入る。

ここがポイント

企業では、予期せぬ出来事や緊急事態が発生することがままあります。そのようなとき、緊急会議が開かれますが、急を要することなので、てきぱきと会議を進行し、早急に問題を検討して事態の収拾にあたる態勢を築くようにしましょう。

★バリエーション

この度、営業部員のセクハラ問題が発生いたしまして、被害者から訴えが起こされております。今、本人の事情聴取を含め、詳しい情報を集めているところですが、これから検討に入りたいと思います。

話し手
営業主任（男性）

定例報告会議での挨拶［司会者］

▼営業定例会議で、売り上げ増加を討議する▲

2分

始めの言葉	前回の反省と今回の課題	結びの言葉

　それでは、皆さん、定例会議を始めます。お手元に資料をお配りしておりますので、それをご覧いただきながら、進めたいと思います。

　前回の会議で懸案《けんあん》になっておりました、当社の主力商品Aの売り上げ減少の件ですが、今回の集計では、皆さんの努力で多少は持ち直したものの、引き続き重要な検討課題となって残りました。A商品は、発売以来、ずっと右肩上がりの好調な売れ行きを誇っておりましたが、それにいささか安住したことや、類似商品が増えたことなどが要因と考えられます。しかし、当社にとって主力商品であることには変わりがないので、今後の販売展開をどのようにするか、よいアイディアをいろいろ出してほしいと思います。そのほかの商品につきましては、多少の増減はあるものの、それほど大きな問題点は見られないように思いますが、いかがでしょうか。もう一つの懸案は、先月発売となりました新商品Bの件です。滑《すべ》り出しはまあまあではありますが、もう一つ弾《はず》みをつけたいところですので、課題として取り上げました。

　それでは、最初に報告を、それから活発な討論に入りたいと思います。まず、新庄さんからお願いします。

定例報告会議の挨拶の組み立て

始めの言葉 会議の開始を告げる。

反省と課題 前回の問題点を総括《そうかつ》し、今回の課題を述べる。

結びの言葉 報告と討議を期待して挨拶を結ぶ。

ここがポイント

　定例報告会議には、取締役会、部課長会議、営業会議、各部署の会議等いろいろありますが、常日頃の馴染《なじ》みの会議なので、不要な前置きはせず、速《すみ》やかに本題に入り、スムーズな会議の進行をはかりましょう。しかし、マンネリになりがちなので、活性化をはかる進行が必要です。

ここをチェック！

　会議では、一般の社員は「○○君」「○○さん」、役職者は「○○主任」「○○課長」と役職名をつけて呼びます。

話し手
販売部長（男性）

朝礼での挨拶①【職場の上司】

▼歳末バーゲンセールに向けて、注意事項を伝える▲

2分

始めの言葉	連絡事項と注意事項	結びの言葉

★皆さん、おはようございます。いよいよ本日から、歳末バーゲンセールが全館いっせいに始まります。このセールは、新春のセールにつながるとともに、下半期の売り上げにも影響を与える重要なイベントです。

各売り場とも、昨日遅くまで準備に頑張ってくれて、大変だったと思いますが、開店前までに今一度、最終チェックをしてください。例年、混み合うレジの混雑解消のため、各フロアに臨時のレジを設けましたが、それでも長くお待たせするお客様には、途中、声をかけてお詫《わ》びするようにしてください。レジでは、釣り銭やカードのお名前を確認して、渡し間違いのないようにお願いします。また、この時期、お客様もお忙しく、デパート側もあわただしさのため、売り場での忘れ物や落とし物、病気や怪我《けが》、また、商品の盗難などの事故が起きやすくなっております。保安係がフロアを巡回しておりますが、皆さんも十分ご注意いただき、それらの出来事に遭遇《そうぐう》したときは、あらかじめ決められた手順に従って、速《すみ》やかに処理するようにしてください。

それでは、明るい笑顔でお客様をお迎《むか》えし、粗相《そそう》のないよう緊張感をもってお客様に接してください。皆さん、頑張って成果を上げましょう。

朝礼の挨拶の組み立て

始めの言葉 バーゲンセールの開始と重要性を述べる。

＜ **連絡と注意** バーゲンセール中の注意や連絡事項を伝える。

＜ **結びの言葉** 激励《げきれい》の言葉を述べ、挨拶を結ぶ。

ここがポイント

バーゲンセール初日の朝礼では、余計な話はせず、連絡事項や注意事項を簡潔に、具体的に伝えることが大切です。

スタッフの気持ちを鼓舞《こぶ》する言葉で締めくくりましょう。

★バリエーション

おはようございます。今日から一週間、イタリア物産展が始まります。ファッションから工芸品、食料品まで、イタリアの物産を幅広く集めドル箱のイベントになっており、大きな売り上げが見込まれます。

話し手
店長（男性）

朝礼での挨拶②［職場の上司］

▼月はじめの朝礼で、売上目標を伝える▲

2分

始めの言葉	売上報告と売上目標	結びの言葉

　皆さん、おはようございます。今日から月変わりとなりますが、季節もちょうど秋に入り、このところ爽《さわ》やかな天気が続いています。気持ちも新たに仕事に取り組んでいきましょう。

　さて、先月は、このテナントビルのセール期間が重なったことや、皆さんが頑張ってくれたお陰で、当店の月間の売上目標を余裕をもって達成することができました。その分、①大変忙しかったことと思いますが、皆さん、よくやってくれました。ご苦労様でした。しかし、今月は、過去のデータが示すように、セール期間が終わったあとの客足の落ち込みが懸念《けねん》されるのと、セールに合わせた当店のサービス期間が終わるのとで、厳しい月になると思います。その対策として、お食事をしていただいたお客様に、次回以降、お使いいただけるソフトドリンクのサービス券をお配りすることにしました。今月の売り上げに直結するとは限りませんが、できるだけリピーターのお客様を増やしたいと思っています。

　②しかし、お客様にリピーターになっていただくには、お料理もさることながら、サービスがよい、感じがよい、親切だ、という要素が大きいと思います。そのことを念頭において、皆で頑張りましょう。

朝礼の挨拶の組み立て

始めの言葉 ＜ 報告と目標 ＜ 結びの言葉

- 始めの言葉：時候の挨拶などを交えて、朝の挨拶をする。
- 報告と目標：前回の結果や反省と今回の目標設定を伝える。
- 結びの言葉：注意事項等を伝達し、激励《げきれい》の言葉を述べる。

ここがポイント

売上目標を伝える朝礼では、前回の売り上げを報告して反省点などを述べ、今回の目標を掲げて励《はげ》ますというパターンが一般的です。

ここをチェック！

①売り上げの如何《いかん》にかかわらず、労をねぎらってあげましょう。

②皆が心を一つにして、気持ちよく仕事に入れるように、挨拶を締めくくりましょう。

話し手
店長（女性）

朝礼での挨拶③【職場の上司】

▼一日の始まりに、一日の心得を確認する▲

2分

始めの言葉	仕事の心得と取り組み方	結びの言葉

皆さん、おはようございます。また、新しい一日がスタートしますが、今日も全員、顔がそろい、とてもうれしく思います。

★よく「一年の計は元旦にあり」といいますが、これはそもそも「一日の計は朝一番にあり」です。ただ漫然と一日を迎《むか》えるのと、その日を意識して迎えるのとでは、仕事の充実感が全く違ってきます。何か一つでもいいですから、それぞれ一日の目標を立ててください。

例えば、昨日、お客様から聞かれて分からなかったことは、今日は答えられるようにしよう、あるいは、「いらっしゃいませ」という挨拶《あいさつ》の声が小さいと思ったら、今日は思いっきり声を出して「いらっしゃいませ！」といってみよう、または、昨日は商品を包むのに時間がかかってお客様をお待たせしてしまったから、今日は手早く包む練習をしよう、など何でもいいのです。そうすれば、きっと昨日より今日のほうが少しずつよくなっていくのではないでしょうか。こうした小さな変化が積み重なって、やがては大きな実を結んでいくのです。

それでは、皆さん、それぞれ今日の目標を胸に秘《ひ》めていただき、元気で仕事に励《はげ》んでください。

朝礼の挨拶の組み立て

始めの言葉 朝の挨拶を述べる。

＜ **仕事の心得** 仕事の心得や取り組み方を語る。

＜ **結びの言葉** 仕事の始まりにあたり、励《はげ》ましの言葉を述べる。

ここがポイント

朝礼は朝の忙しいときに行われますから、くどくどした話は禁物《きんもつ》です。要点を絞って話しましょう。名言・名句を引用して話すのも効果的です。

★バリエーション

総務部の皆さん、月末が近づき、忙しくなってまいりました。各部署から締《し》めの書類が次々と回ってきますから、速《すみ》やかに処理してください。あまり根《こん》を詰めてもかえって効率が悪くなり、ミスを誘《さそ》いますから、仕事の合間には体をほぐし気分転換をはかりましょう……。

話し手
工場長（男性）

朝礼での挨拶④ ［職場の上司］

▼工場の安全強化週間で、その意義や実施目標を述べる▲

4分

始めの言葉　強化週間の意義と目的

皆さん、おはようございます。すでに通達《つうたつ》がいっていると思いますが、本日から一週間、安全強化週間に入ります。

★皆さん、ご承知のように、当工場では、ここ何年も事故が起こっておりません。これも皆さんが日ごろから安全面に注意を払って、仕事をしてくれているお陰と、本当に感謝しております。しかし、そういうときこそ注意をしなければなりません。皆さんの中で、どこかでだいじょうぶだという思いが巣《す》くっていませんか。あるいは、もしかしたら、事故には至らなかったけれど、一瞬、ヒヤッとしたことはありませんか。ほとんどの事故は、ちょっとした気のゆるみや不注意が原因です。安全強化週間の目的は、そんな心の油断を今一度引き締めるとともに、安全への意識をよりいっそう高め、事故を防ぐシステムを再確認することにあります。事故は、いったん起こってしまいますと、さまざまな影響を引き起こします。いちばん恐《こわ》いのは事故にあった本人の問題です。最悪の場合は、命にも関わり、家族を悲しませてしまいます。貴重な人命の問題をおいても、工場の生産ラインも一時ストップし、会社の信用にも響いてきます。そのような事態を未然に防ぐための対策を、当社では、春と秋の年二回、行っているわけ

朝礼の挨拶の組み立て

始めの言葉 ＜ 意義と目的 ＜ 強化項目 ＜ 結びの言葉

- 始めの言葉：強化週間に入ることを伝達する。
- 意義と目的：強化週間の意義や目的について話す。
- 強化項目：強化週間の実践項目について述べる。
- 結びの言葉：励《はげ》ましの言葉を述べる。

ここがポイント

工場の強化週間でいちばん多いのは、安全に関するものです。人命にも関わる重要な問題なので、真剣に話し、期間中にやるべきことを、具体的かつ的確に指示するようにします。

ここをチェック！

○○週間の目的や意義について、もう一度、きちんと説明しておきます。

結びの言葉	強化週間の実践項目

です。
今回の秋の安全強化週間では、「気持ちを引き締めよう！　大きな事故も小さな油断から」をスローガンにして、取り組むことになっております。すでに昨日の終業後、ポスターや横断幕を準備していただいておりますが、毎朝、各セクションごとに集まって、スローガンを唱和《しょうわ》してください。そんなこと、果たして役に立つんだろうか、と思うかもしれませんが、声に出して読むことは大変、効果があるとされております。面倒でもよろしくお願いします。また、皆さん、事故防止の安全マニュアルをおもちですね。もう何度も読んだとおっしゃるかもしれませんが、この機会にもう一度じっくりと読み直して、からだにたたき込んでください。そのうえで、機械の操作手順や安全システムなどについて再確認し、きちんと実行してください。期間中は、常時、安全パトロールが巡回することになっています。質問などを受けることもあるかと思いますので、その場合は答えるようにしてください。

以上、いろいろと申し上げましたが、実はいちばん大切なのは、皆さんの意識です。いくらマニュアルを読んでも、各セクションで話し合っても、皆さんの意識の高まりがなくては何にもなりません。事故は起こるかもしれないと思ってください。その意識こそが、注意力を喚起し、安全に基づいた行動を可能にするのだと思います。

それでは皆さん、安全強化週間とはいえ、やる仕事に変わりはありません。元気よく仕事にとりかかることにしましょう。

★バリエーション

■衛生強化週間

皆さん、おはようございます。本日より一週間は、毎年六月、梅雨《つゆ》の季節に実施しております衛生強化週間です。

いうまでもないとは思いますが、私たちのような食品製造業では、衛生管理にはいくら気を使っても使いすぎるということはありません。そのため、日ごろからマニュアルに従って、材料の保管や取り扱い、機械設備の点検、整備、清掃、帽子や白衣の着用や手洗いの励行《れいこう》などを行っております。

しかし、それでも事故は絶対起こらないとはいえません。つい先日も、某社《ぼうしゃ》の食中毒事故がマスコミをにぎわしたことはご存じだと思います。いったん事故を起こしたら、落とした信用を回復するのは並大抵《なみたいてい》ではありません。この度の強化週間に改めて衛生問題をさらに真剣に考え、事故に備えたいと思います。

謝罪の言葉

組み立てとポイント

ビジネス上の謝罪は、将来の人間関係や仕事の展開に関わる重要な行為です。早いタイミングで、言い訳や反論をせず、まず素直に謝罪することが大切です。言葉づかいなどにも気をつけ、適切に対応してミスや失礼を重ねないようにしましょう。

①**謝罪の言葉**…まず謝罪し許しを願う。

②**状況説明と反省・対応**…ミスが生じた状況や経緯を説明し、反省点を述べ、対応策などを伝える。

③**今後への決意**…今後、十分に気をつけ、再発を防ぐことを誓う。

▼社外の相手に対する謝罪

●仕事のミスに対する謝罪…この度は、とんだ事態を引き起こしまして、まことに申し訳なく、お詫《わ》び申し上げます。

御社《おんしゃ》に大変ご迷惑をおかけしましたことを何より心苦しく思っております。どうして一部に不良品が混入してしまったのか、どの段階でミスが発生してしまったのか、現在、鋭意、調査中でございます。しかし、このようなことは絶対あってはならないことで、私どもも猛反省しております。二度とこのようなことがないようにいたしますので、なにとぞご容赦《ようしゃ》ください。

●失礼な言動に対する謝罪…先ほどは、当社の△△が○○様に大変失礼なことを申し上げまして、まことに申し訳ございません。さぞ不愉快な思いをされたことと存じ、心よりお詫び申し上げます。偏《ひとえ》に当社や私の不徳のいたすところで、深く反省いたしております。本人も日ごろのご厚誼《こうぎ》につい甘《あま》えてしまい、社会人として未熟だったと反省しきりです。この反省を踏まえ、精進してまいりますので、今後ともご指導のほど、よろしくお願い申し上げます。

▼社内の相手に対する謝罪

●上司への謝罪…局長、この度は○○の損失が出ました件、大変申し訳ありませんでした。皆努力してくれたのですが、私の判断や分析が甘《あま》かったとリーダーとして責任を感じております。この失敗を無駄《むだ》にせず、次は必ずいい仕事に結びつくように頑張りたいと思いますので、今回の件はどうかお許しください。

●部下への謝罪…皆に謝らなければならないんだが、今回、皆が出してくれた企画案、残念ながら役員会議で没《ぼつ》になってしまったんだ。私の力不足もあったと思うが、まだ時期尚早《しょうそう》との経営陣の判断だった。これに懲《こ》りず気持ちを新たに仕事に取り組んでほしい。

断りの言葉

組み立てとポイント

ビジネスで断りを述べなければならない場合、曖昧《あいまい》な言葉ではなく、はっきりノーという意向を伝えることが重要です。ただし、今後のこともあるので、相手に敬意を払うことを忘れず、ソフトな表現を心がけましょう。

①**出だし**…まず、お礼やお詫《わ》びの言葉で切り出す。

②**理由と結論**…断る理由を説明し、結論を述べる。

③**今後への期待**…再度お詫びをし、今後への期待を述べる。

▼社外の相手に対する断り

●商談を断る…まことに残念でございますが、この度のお話、見送らせていただくことになりました。私どもでも削《けず》れるところは削り、目いっぱい勉強させていただきましたが、どうしても○○さんのおっしゃるご予算ではお引き受けするのが無理なことが分かりました。どうか当社の事情をご理解のうえ、悪《あ》しからずご了承ください。今回はこのような結果になりましたが、これからもよろしくお願いいたします。

●招待を断る…この度は、ゴルフコンペにお誘《さそ》いくださいまして、ありがとうございます。私も毎年楽しみにさせていただいておりますが、あいにく海外出張が重なりまして、残念ながら今回は欠席させていただきます。次の機会には忘れずに、またお誘いください。ご盛会をお祈りしております。

●贈答品を断る…せっかくのご好意を無にするようでまことに失礼とは存じますが、こちらのお品、お返しさせていただきます。実は会社の規定で、いっさい受け取ることができないことになっておりますので、どうかお許しください。お気持ちだけは、ありがたく頂戴《ちょうだい》させていただきます。

▼社内の相手に対する断り

●仕事を断る…課長、先ほどの仕事の件ですが、お断りしていいですか？ご承知のように、今、五つの事案を抱えていまして、いずれも締《し》め切りが厳しいものばかりなのです。この度の仕事ももう少し時間の余裕をいただければよいのですが、引き受けてもかえって迷惑をかけてしまうおそれがあると思いますので……。私の力不足が残念です。申し訳ありません。

●誘いを断る…ごめんなさい。私、今夜は別の用事があって出席できないんです。ほかの皆さんには、○○さんからよろしく伝えていただけますか。ありがとうございます。

催促の言葉

組み立てとポイント

ビジネスで催促をする状況というのは、約束を守らない相手と緊張関係にあることが多いものです。催促《さいそく》の目的は約束を履行《りこう》してもらうことなので、関係をこじらせては元も子もありません。相手を刺激しないよう、表現や言葉づかいには十分配慮します。

①**出だし**…日ごろの交誼《こうぎ》に感謝し、挨拶を交わす。

②**催促の言葉**…状況の説明を求め、約束の履行をお願いする。

③**結び**…改めて約束の履行を願う。

▼社外の相手に対する催促

●仕事の催促…いつも大変お世話になっております。ところで、催促がましいお尋《たず》ねで恐縮でございますが、○○の件はどうなりましたでしょうか。先月末までというお約束でしたので、お待ちしておりましたが、ご連絡がございませんので。お忙しいこととは重々承知いたしておりますが、何分《なにぶん》、私どももスケジュールがございますので、いつごろになりますか、予定をお聞かせいただければ幸いです。よろしくお願いいたします。

●入金の催促…○○の件では大変お世話になりまして、ありがとうございました。もし、すでにお手配済みでしたら、大変失礼なことを申し上げてしまいますが、その折りのお支払いが未《いま》だ確認できておりません。今までこのようなことはございませんでしたので、何かの手違いとは存じますが、当社といたしましてもこれ以上お待ちすることがむずかしい状況でございますので、至急お支払いいただけますでしょうか。どうかよろしくお願い申し上げます。

▼社内の相手に対する催促

●部下への催促…○○君、先日頼んでおいたプレゼンテーションの準備は、どれぐらい進んでいるかな。来週末には先方に行くことになっているから、その前に社内で打ち合わせもしておきたいので、そろそろもらえるとありがたいんだが。ほかの仕事もあって大変だろうけど、よろしく頼むよ。

●上司への催促…部長、○○の予算の件、どうなりましたでしょうか？ お願いしたとおりの予算がつかないようでしたら、中身を検討し直して発注しなければなりませんし、先方から催促の電話もかかっているので、できればそろそろお返事がいただきたいのですが。お忙しいところ恐縮ですが、一度聞いてみていただけますか？ お願いします。

第5章

歓送迎会のスピーチ

人事異動や入退社は、個人にとっては人生の大事です。
歓迎会では仲間に迎える喜びを、
送別会ではねぎらいと活躍を願う気持ちを伝えます。
当事者本人は、送迎の催しへの感謝を表し、
今後への決意や意欲を披露するとよいでしょう。

歓送迎会のスピーチのポイント

◎歓送迎会の挨拶のポイント

歓送迎会の挨拶は、話し手や会の性格、開催場所などによって、挨拶の内容、表現や敬語の使い方などが違ってきます。それらをよくわきまえて挨拶をしましょう。

歓迎会はともかく、送別会では場が湿りがちなこともありますが、できるだけ明るい話題を取り上げて、会を盛り上げるようにしましょう。

◆歓送迎する側の挨拶

入社式、社長の就任・退任など、改まった歓送迎会では、ある程度の格式が求められます。話し手も社長や管理職などが中心になるので、感銘を与え、記憶に残るような内容の

新入社員歓迎の挨拶の組み立て・基本型

祝辞	自己紹介	職場の紹介	会の予定	結びの言葉
入社を祝福し、歓迎の言葉を述べる。	自己紹介をする。	会社や職場について紹介し、緊張をほぐす言葉をかける。	会の進行予定を説明し、会を盛り上げる言葉をかける。	乾杯をし、歓迎会の始まりを伝える。
この度は、入社おめでとうございます。当社も年々応募者が増え、今年も、皆さん、難関を突破した優秀な方ばかりと伺《うかが》っております。	私は、本日、幹事を務《つと》めさせていただきます、柴咲と申します。入社まだ三年目です。	当社は、設立して一〇年余りの若いIT関連企業ですが、三年前に立ち上げたSNSが人気を呼んで、驚異的な発展を遂げ、今なお発展途上にあります。社長や役員はじめ社員は若く、皆、有能で、自由な空気が横溢《おういつ》しております。入社した皆さんも、きっとすぐ慣れて、楽しく、創造的に仕事ができることでしょう。	本日は、皆さんを歓迎して、元某《ぼう》公爵邸だった会員制倶楽部《くらぶ》で豪勢に行うことにしました。スペイン料理のフルコースを楽しんでいただきながら、自己紹介をお願いしたいと思います。	それでは、ブーヴクリコの栓を抜いて、まずは乾杯を。社長、乾杯の音頭《おんど》をお願いします。

ある話題を選びたいものです。

逆に、一般社員の歓送迎会では、あまり堅苦しくならず、楽しいエピソードを交えて会を盛り立てます。

◆歓迎を受ける側の挨拶

まず、会や参加者への感謝を述べます。むずかしいのは、自己アピールや自己紹介の内容でしょう。会の性格を考慮して、どのような個人情報を求められているか、話す内容を考えておきましょう。自慢話にならないように注意しましょう。

◆歓送される側の挨拶

栄転にしろ、定年退職にしろ、歓送される側は名残《なごり》惜しく、感傷的になりがちです。そのことを念頭において、明るい挨拶を心がけましょう。

いずれにしても、「立つ鳥跡を濁さず」といいますから、あとに残る人によい印象を残すような挨拶を心がけましょう。

定年退職者の挨拶の組み立て・基本型

謝辞	回顧と感謝	今後の抱負	結びの言葉
会の開催や参加者に対し、感謝の言葉を述べる。	**これまでの仕事を振り返り、会社に感謝する。また、退職にあたっての感想を述べる。**	**退職後の予定や抱負を伝える。**	**改めて感謝し、会社の発展を祈る。**
本日は、お忙しいところ、私のためにお集まりくださいまして、まことにありがとうございます。また、温かいお言葉をたくさんいただき、心から感謝申し上げます。	私は、入社以来、技術畑一筋でまいりました。実は、途中、年の功で、管理職に、というお話もなかったわけではございません。しかし、幼いころから機械いじりが好きで、そこを離れたら、私の存在価値はないと思っておりましたので、わがままを申し上げ、居座らせていただいたしだいです。お陰様で、本当に幸せな仕事人生を送ることができまして、それを許してくださった会社には、いくら言葉を尽《つ》くしても感謝しきれません。ありがとうございました。	こんなに温かく居心地のよい会社を離れるのを寂《さび》しく思っておりましたら、週三日、技術顧問として通ってほしいとのお話をいただきまして、感激で胸が熱くなっております。	本日は本当にありがとうございました。そして、またよろしくお願い申し上げます。

話し手
幹事（男性）

新入社員歓迎会での挨拶①［職場の先輩］

2分

▼入社を歓迎し、職場の楽しい雰囲気を紹介する▲

祝辞	職場の紹介	会の予定	結びの言葉

皆さん、入社おめでとうございます。本日の幹事の石塚です。今年の新入社員は、少数精鋭ならぬ多数精鋭と聞いておりますが、私ども総務部にも優秀な後輩を迎《むか》えることができ、頼もしく思っております。

皆さん、仕事に就《つ》かれてからまだ一週間ほどしか経《た》っていませんが、少しは慣れましたでしょうか。総務部というと、まじめでお堅い人が多いという印象を抱いておられるかもしれませんが、わが総務部は、面白い人、ユニークな人が多い、明るい部署として知られております。すでに、栗林主任のダジャレの洗礼を受けた人、映画マニアの沢松さんの話に付き合わされた人も多いのではないでしょうか。ほかにもまだまだいますから、皆さんも肩肘《かたひじ》張らず、リラックスして仕事をしてください。

さて本日は、ささやかではありますが、歓迎の席を設けさせていただきました。木嶋部長のお言葉のあと、乾杯し、お料理を召し上がっていただきながら、各自の自己紹介をお願いしたいと思います。

それでは、木嶋部長、お手数ですが、乾杯の音頭《おんど》をお願いいたします。皆さん、グラスをお手にお取りください。

歓迎会の挨拶の組み立て

祝辞 ＜ 職場の紹介 ＜ 会の予定 ＜ 結びの言葉

- 祝辞：歓迎の言葉を述べ、自己紹介をする。
- 職場の紹介：職場を紹介し、緊張をほぐす。
- 会の予定：会のスケジュールを伝える。
- 結びの言葉：乾杯をし、宴の始まりを伝える。

ここがポイント

何はともあれ、歓迎の言葉をかけることが大切です。また、部長や課長の挨拶がある場合、幹事は、職場の雰囲気《ふんいき》や人間関係などを伝えるようにするとよいでしょう。

ここをチェック！

部署内の雰囲気や部員の人柄などをユーモアを交えて伝えてあげると、緊張感もほぐれます。

話し手
課長（男性）

新入社員歓迎会での挨拶②

【職場の上司】 2分

▼課の行きつけの店で会を開き、親しく歓迎する▲

祝辞	新入社員の紹介と支援	歓迎会の内容	結びの言葉

曽我さん、水谷君、入社おめでとうございます。

当課は、新製品の開発に携《たずさ》わる非常に重要な部門で、その分、仕事も厳しいです。でも二人ならだいじょうぶ。面接試験で、ユニークな発想と柔軟なものの考え方ができる点は、証明済みです。まさに当課にピッタリだと思います。しかし、実際の仕事となったらまた別です。学ぶべきことも多くすべてはこれからでしょう。①しかし、焦ることはありません。じっくりと実力をつけていってください。先輩課員も個性的で楽しいやつばかりで、皆二人の加入を心待ちにしていました。サポート態勢も万全とのことなので安心してください。

さて今日は、お二人のため、ささやかながら歓迎の席を設けました。②この店は、当課の仲間がことあるごとに集まっては、飲み、食べ、おしゃべりをするリストランテです。黒い雄鶏《おんどり》のマークで有名なキャンティ・クラシコは、オーナーシェフからの歓迎のサービスです。

それでは、私たちの新しい仲間、曽我さん、水谷君の活躍を願って、一年だけ先輩になる上杉君の音頭《おんど》で乾杯とまいりましょう。

歓迎会の挨拶の組み立て

祝辞　入社を歓迎し、お祝いを述べる。

＜ **紹介と支援**　新入社員を紹介し、長所や人柄を述べる。

＜ **会の内容**　歓迎会の内容、スケジュールを紹介する。

＜ **結びの言葉**　新入社員にエールを送り、乾杯する。

ここがポイント

部や課での歓迎会は全体の歓迎会に比べて規模も小さくなり、親密さが増します。新入社員の長所や人柄を取り上げて紹介し、先輩社員も自己紹介をするとよいでしょう。

ここをチェック！

①新入社員の緊張をほぐし、安心感を与える言葉をかけましょう。

②これで仲間になったという意識を高めることができます。

話し手
新人代表（男性）

新入社員歓迎会での謝辞①

▼先輩の話に感動し、やる気をアピールする▲

2分

謝辞	会社の感想と今後の抱負	結びの言葉

　本日は、私どものために、このように盛大な歓迎会を開いてくださいまして、本当にありがとうございます。総務部配属の岩城哲と申します。新入社員を代表いたしまして、一言、ご挨拶《あいさつ》をさせていただきます。

　正直申しまして、入社の喜びもつかの間、入社式から始まりまして、新人研修、各部署での研修と息つく暇もなく、緊張の連続で、今までの学生生活がいかに楽だったかを思い知らされているところです。しかし、この間、①社長をはじめ部長、先輩の方々のお話は、示唆《しさ》に富んだ有意義なもので、身が引き締まるとともに、やる気が湧《わ》いてまいりました。それに、決して厳しいだけではなく、言葉の端々《はしばし》には思いやりが溢《あふ》れており、感動もいたしました。今、一段落しましてホッとするとともに、このような会社で働ける喜びをかみしめているところです。②まだまだ至らないところだらけですので、いろいろご迷惑をおかけすることと思いますが、一生懸《けん》命《めい》努力いたしますので、よろしくお願いいいたします。

　実は、先ほどから、目の前のおいしそうな料理が気になって仕方がありません。同僚の視線もそちらに釘付《くぎづ》けのようですので、私の拙《つたな》い挨拶を終わらせていただきたいと思います。ありがとうございました。

歓迎会の謝辞の組み立て

- **謝辞**　歓迎会への感謝を述べ、自己紹介する。
- ＜ **感想と心境**　入社の喜び、心境を語り会社の感想を述べる。
- ＜ **抱負と支援**　今後の抱負を語り、支援を願う。
- ＜ **結びの言葉**　再度お礼を述べて、挨拶を結ぶ。

ここがポイント

　新入社員の代表で挨拶する場合は、あまり個人的な話題にせず、代表にふさわしい挨拶にしましょう。
　部や課の挨拶では、自己紹介の折り、ある程度自己アピールしてもかまわないでしょう。

ここをチェック！

①感謝する言葉を述べるようにしましょう。
②今後の支援をお願いすることを忘れずに盛り込みましょう。

話し手
新人代表（女性）

新入社員歓迎会での謝辞②

▼職場の楽しさ、仕事への熱意を語る▲

2分

謝辞	会社の感想と今後の抱負	結び

本日はこんなに楽しく、すばらしい歓迎の席を設けてくださいまして、ありがとうございます。広報部に配属になりました麻生美紀でございます。

数ある企業の中でも、こちらのCMは抜群のセンスのよさで知られ、数々の賞も受けており、私も大ファンでした。①学生時代から、こちらの広報部で仕事ができたらと思いまして、マーケティングを学び、広告学校に通うなど努力をしてまいりました。その甲斐《かい》がありまして、この度、憧《あこが》れの会社に入社でき、念願の広報部に配属されまして、もう夢が一挙《いっきょ》に叶《かな》った感じで、感激しております。しかし、浮かれてばかりはいられません。日本最高峰の山の登り口にやっと辿《たど》り着いたところで、果たして、私もあの峰に登っていけるのかしら、と心配しております。②しかし、いつもユーモアが飛び交《か》う職場で、部長や先輩の方々、皆さん、実に楽しそうに仕事をなさっているので、こちらまでうれしくなり、これならだいじょうぶかしらと思っているしだいです。

私もやる気、根気、強気では負けないつもりですので、遠慮なく鍛《きた》えてくださいますようお願いいたします。

本日はありがとうございました。

ここがポイント

歓迎会は入社後、しばらく経《た》ってから行われることが多いので、その間の会社や職場に対する感想を素直に述べるといいでしょう。ただし、歓迎の席なので、不平や不満は禁物《きんもつ》です。

ここをチェック！

①部や課での歓迎会では、個人をよく知ってもらうため、さりげなく自己アピールをするとともに、仕事に対する熱意を伝えておきましょう。

②職場が楽しく、働きやすいところであることが分かって、喜んで気持ちを伝えることも大事です。

話し手
社長（男性）

就任の挨拶①

▼業界の激動期を迎え、変革の理念を語る▲

4分

始めの言葉｜心境と感想｜業界の動向と会社の現状

①この度、第三〇期株主総会およびその直後の取締役会におきまして、ご勇退された鳥飼雅弘前社長に替わり、当ホテルの代表取締役社長を拝命いたしました立花圭介でございます。本席を拝借いたしまして、一言、ご挨拶《あいさつ》申し上げます。

現在、ホテル業界は、開業ラッシュによる新たなホテルブームを迎《むか》えていると同時に、過当競争による淘汰《とうた》の時代に入っております。特に、これまで日本進出を見合わせていた外資系のスーパーホテルの開業が相次ぎ、大きな影響を与えております。これらのホテルは、ブランド力に加え、優れたデザイン性、高いホスピタリティをもっております。

私どものホテルは老舗《しにせ》の高級シティホテルという評価を受け、これまで多くのお客様のご愛顧《あいこ》を得てまいりましたが、こうしたラグジュアリーな外資系超高級ホテル進出の影響をもろに受けるのは、私どものようなホテルです。これまでの遺産に寄りかかって安穏《あんのん》としているわけにはまいりません。このような変革のときに重責を担《にな》うことになりまして、身の引き締まる思いとともに、正直、少しばかりの不安も感じております。

就任の挨拶の組み立て

- **始めの言葉** 自己紹介を兼ねて、就任の報告をする。
- ＜ **心境と感想** 就任についての心境や感想を述べる。
- ＜ **動向と現状** 業界の動向や会社の現状について述べる。
- ＜ **理念と抱負** 経営理念を表明し、今後の抱負を述べる。
- ＜ **結びの言葉** 協力や支援を願い、挨拶を結ぶ。

ここがポイント

就任時の挨拶は、社員に与える印象を決めてしまうところがありますから、事前によく準備しておくことが重要です。

自分のキャリア、経営方針、今後の抱負などの情報を伝えることで、安心感を与えることができます。

また、意欲を表明し、社員のやる気を引き出すようにします。

結びの言葉　経営理念と今後の抱負

私は大学を卒業しましてから、ホテル業界に入り、この道一筋でやってまいり、その間、アメリカのコーネル大学でホテル経営を学びました。ホテルを何よりも愛し、ホテルの隅々まで知っているつもりですが、そのうえで申し上げたいのは、当たり前だと思われるかもしれませんけれども、②お客様にいかに心地よくお過ごしいただき、満足いただけるかということです。それが、たとえ、ロビーを通り過ぎるだけのお客様であってもです。今年は、大幅な予算をかけた改装、特にスイートルーム、ロビーのスペースやインテリアのグレードアップを計画しておりますが、これもその目的を達成する一環です。しかし、何よりも大切なのは、現場の皆さんのホスピタリティです。そのため従業員の数も増やし、お客様へのサービスが行き届くようにするつもりですし、改めて研修も受けていただきます。お客様のどんなご要望にもノーは禁物《きんもつ》だと心得てください。

また、ホテルは、ご承知のように、レストランの予約名簿から始まりパスポートを拝見したり、個人データをお預かりするところです。個人情報保護法の制定云々《うんぬん》以前に、個人情報のセキュリティは、お客様にとってはもちろんのこと、ホテルの信用にも関わる重要なものです。これに関しましては、プライバシーマークの取得を目指す所存です。

③以上、いろいろ勝手なことを申し上げたかと存じますが、当ホテルのいっそうの発展に向けて、粉骨砕身《ふんこつさいしん》、努力を惜しまないつもりでございます。まだ就任したばかりで至らないところも多いかと思いますが、どうか皆さん、ご協力のほどよろしくお願い申し上げます。

ここをチェック！

①どういう経緯で社長に就任したかを、きちんと社員に伝えるようにしましょう。
②経営理念も分かりやすい言葉で語るようにしましょう。特にロビー云々は短い言葉の中にも経営理念の神髄《しんずい》が表れており、効果的です。
③謙虚な気持ちで、従業員の協力を仰《あお》ぐことを忘れないようにしましょう。

話し手
部長（女性）

就任の挨拶②

▼業務の内容を分析し、協力を仰ぐ▲

2分

始めの言葉	業務の現状と今後の抱負	結びの言葉

ただいまご紹介にあずかりました緒方早紀でございます。①この度、思いがけなく販売促進部の部長を仰《おお》せつかりまして、身に余る光栄と存じ、気を引き締めているところでございます。

販売促進部と申す部署は、多岐《たき》にわたる業務内容をもっております。しかし、その根本は、お客様のニーズをいかにつかんで、いかに購買《こうばい》に結びつけていくか、ということに尽《つ》きると思います。私自身、これまでショールームや展示会、また営業活動を通じて、直接お客様と触れ合い、生《なま》の声を伺《うかが》い、ウェブサイト、メールマガジン、ブログなどを通じて、お客様にとってリアルタイムな情報の発信にも携《たずさ》わってまいりました。今、お客様のニーズは日々変化し、多様化しております。それをいち早くつかみ、お客様の先をいくことが重要です。皆さんも、そのことを常に念頭において、知恵を絞っていただきたいと思っております。

②私のような者が、ということで、不安をおもちの方がいるかもしれませんが、皆さんとよく話し合い、協力しながらやっていきたいと思っております。タブーはございません。苦情、愚痴《ぐち》、要望、提案、よろず受け付けますので、どうか、よろしくお願い申し上げます。

就任の挨拶の組み立て

始めの言葉 自己紹介をし、就任を伝える。
＜
現状と抱負 業務の現状を述べ、抱負を語る。
＜
結びの言葉 部員の協力を仰《あお》ぎ、挨拶を結ぶ。

ここがポイント

部長らしく、落ち着いて挨拶することが大切です。

部長としての仕事に関する考え方を部員に伝えるようにしましょう。ただし、多くのことをいおうとすると、話が散漫になりますから、要点を絞って述べるようにしましょう。

ここをチェック！

①就任については、謙虚に受け止める姿勢を示しましょう。

②新任の場合、どうしても不安を与えるところがあるので、それを払拭《ふっしょく》するように、話をしましょう。

話し手
支店長（男性）

就任の挨拶③

▼就任を喜び、ともに働く期待感を語る▲

2分

結びの言葉	業務の現状と今後の抱負	始めの言葉

本日より、○○コーヒー新橋支店長を務《つと》めさせていただきます矢作健作と申します。①皆さん、若くて元気な方ばかりで、店の雰囲気《ふんいき》も明るく、一緒に働くことが大変楽しみです。

○○コーヒーはチェーン店になっておりまして、各支店共通のメニューも決まっており、接客のマニュアルもできております。マニュアルは、これまでに当社が長い間かけて培《つちか》ってまいりましたノウハウが詰まったもので、私たちが仕事をしていくうえで、大変重要なものです。しかし、マニュアルはあくまでもマニュアルで、それを生かすのは生身《なまみ》の人間である皆さんです。最近、レストランなどで、お客様がマニュアルから少しでもはずれた要望を出すと、「それはできません」と頑《かたく》なに拒《こば》む光景を目にすることがありますが、それではお客様を気持ちよくもてなすことはできません。誰《だれ》のためのマニュアルかを考えていただきたいのです。そして、お客様からできるだけたくさんの「ありがとう」をいただいてください。

②当店は、数ある支店の中でも優秀な売り上げを誇っていると聞いております。私も前任者に負けないように頑張りたいと思いますので、皆さんもこれまで同様、ご協力くださいますようお願い申し上げます。

ここがポイント

店員は支店長がどのように店を運営していこうとしているのか、知りたいところですから、きちんと支店長としての考えを述べ、リーダーシップをとるようにしましょう。ただし、本社の方針からは逸脱《いつだつ》しないように話します。

ここをチェック！

①就任した店を評価し、一緒に仕事をする喜びを表すと、親しみを感じてもらえます。

②前任者を批判するような言葉は禁物《きんもつ》です。前任者には敬意を払い、自分も負けないで頑張ることを伝えましょう。

話し手
部長（男性）

転入社員歓迎会での挨拶【職場の上司】

▼期待の転入社員を迎え、全員で歓待する▲

2分

結びの言葉	本人の紹介と期待の表明	歓迎の言葉

本日は、めでたく保科琢己さんをわが営業部に迎《むか》えることができ、うれしい限りです。ここに、部員全員で歓迎の意を表したいと思います。

当営業部は、大変忙しく、日ごろから誰《だれ》でもいいからタフな肉体派を一人頼む、といっていたのですが、この度の人事異動で、はからずも肉体派プラス頭脳派である保科さんが転入してきてくれ、まさに「やったー」という思いでおります。保科さんは、トライアスロンをやっているということで体力は折り紙付き、その一方、大学時代にピースボートで世界を見て回ったという視野の広さで、入社後も海外相手の営業活動で活躍してきました。新しく海外部門を設けたわが部の強力な助《すけ》っ人《と》になることは間違いありません。最初は勝手が違ってとまどうことも多いでしょうが、心配しないでください。わが部は仲間意識も強く、助け合いの精神に富んでいますから、みんな、喜んで教えてくれ、サポートしてくれることでしょう。皆、うなずいてますから、間違いありません。

もう今日から保科さんはわれわれ営業部の大切な一員です。営業部の諸君、保科さんをどうかよろしくお願いします。明日からはさっそく厳しい仕事が待っていますが、今日はおいしい料理で親睦《しんぼく》をはかりましょう。

歓迎会の挨拶の組み立て

歓迎の言葉　歓迎の言葉を述べる。

＜ **紹介と期待**　転入社員の経歴や人柄を紹介し、今後の活躍を期待する。

＜ **結びの言葉**　再度、歓迎の意を表し、部員の支援を仰《あお》ぐ。

ここがポイント

役職者として、あらかじめ聞いている転入者の経歴や人柄を簡単に紹介します。その場合、あまり褒《ほ》めすぎたり期待感が強すぎたりすると、あとでプレッシャーになりますから、過不足なく評価するようにしましょう。

ここをチェック！

上司だからといって堅苦しい挨拶で説教調なのはいただけません。このように親しみやすい挨拶で、歓迎の意を表するとともに相手の緊張をほぐしてあげます。

話し手
本人（男性）

転入社員歓迎会での謝辞

▼新しい仲間に感謝し、仕事への思いを語る▲

2分

謝辞	現在の心境と今後の抱負	結びの言葉

　仙台支店からまいりました深谷剛志です。本日は、皆様、お忙しいところ、このようなすばらしい歓迎会を開いてくださいまして、まことにありがとうございます。

★ここ横浜は、私が学生時代を過ごしたところで、久しぶりに戻ってきまして、懐かしさでいっぱいです。しかし、仙台でのんびりと過ごしておりましたので、横浜のスピードに果たしてついていけるかと心配いたしましたが、そこは以前、慣れ親しんだところ、この一週間ですっかり順応したように思います。仕事は同じ総務部ということで、やることに変わりはないからと思っておりましたが、仕事の範囲も広く、やり方も違うため、こちらはまだ完全に順応しているとはいえません。しかし、小泉部長をはじめ、皆さん、いい方ばかりで、分からないことがあると、いやな顔ひとつせず、仕事の手を止めて教えてくださいます。そうした皆さんのご好意に報《むく》いるべく、一日も早く仕事に精通したいと思っておりますので、どうかよろしくお願い申し上げます。

　先ほど来の小泉部長、幹事の堂本さんの温かい歓迎のお言葉、皆様のご出席に改めて感謝申し上げます。本日はありがとうございました。

歓迎会の謝辞の組み立て

謝辞 自己紹介をし、歓迎へのお礼を述べる。
＜
心境と抱負 現在の心境を述べ、今後の抱負を語る。
＜
結びの言葉 再度、お礼を述べ、支援を仰《あお》ぐ。

ここがポイント

部長など上司が出席する会では、あまりくだけすぎず、礼儀正しい言葉遣いを心がけましょう。また、前の職場と比較して批判したり、自慢したりしないようにしましょう。

★バリエーション

この度は、五年間の鹿児島支社勤務を経まして、再び本社に戻ってまいりました。拝見いたしますと、見知ったお顔が半分、初めてのお顔が半分という感じで、改めて時の流れや変化を感じます。

話し手
主任（男性）

中途入社社員歓迎会での挨拶［職場の先輩］

▼優秀な新人を歓迎し、人柄の魅力を語る▲

2分

歓迎の言葉	本人の紹介と期待の表明	結びの言葉

　大崎さん、改めて、ようこそわが技術部へ。本日、全員が集まって歓迎会を開くことができ、まことにうれしく思います。

　一般的に、中途採用というのは新卒よりもむずかしいといわれておりますので、大崎さんが優秀な方であることは間違いのないところだと思います。伺《うかが》えば、アメリカの大学を卒業後、そのまま現地のＩＴ企業に就職し、プログラマーとして活躍なさっていたとのことですが、家庭の事情で帰国され、運よく、わが社へ来ていただけたというしだいです。英語はペラペラですし、ＩＴ先進国の知識をおもちなのはもちろんですが、二週間足らずのお付き合いで感じたのは、その人柄の魅力です。アメリカ仕込みなのでしょうか、飾り気のない率直な物言い、ときに思わずズッコケてしまいそうなユーモアというかギャグ、こせこせしたところのない大陸的なおおらかさで、早くも職場に明るく新鮮な風を吹き込み、私たちを惹《ひ》きつけてやみません。そんな大崎さんからは、私たちが参考にさせていただくところがたくさんありそうで、大いに楽しみです。

　それでは、まず乾杯をして、そのあと料理を楽しみながら、大崎さんを囲んで皆で歓談しましょう。

歓迎会の挨拶の組み立て

歓迎の言葉　入社を祝い、歓迎の意を述べる。

＜

紹介と期待　これまでの経歴や人柄を紹介し、今後の活躍に期待する。

＜

結びの言葉　会を盛り上げて、改めて歓迎の意を表す。

ここがポイント

　先輩の挨拶では、あまり堅い感じの挨拶ではなく、ユーモアを交え、親しみやすいものにしましょう。

　また、役職者でない場合は、仕事面については深入りせずさらりと流し、むしろ人柄について紹介するとよいでしょう。

話し手
本人（女性）

中途入社社員歓迎会での謝辞

▼キャリア中断後の仕事再開に、意欲を燃やす▲

2分

謝辞	現在の心境と抱負	結びの言葉

この度、こちらの編集部にお世話になることになりました速水静香でございます。本日は、私のために、このように心のこもった歓迎会を開いていただきまして、心より感謝いたしております。

私は幼いころから、何よりも本を読むのが好きで、大学の文学部でも児童文学を研究いたしました。卒業後は迷わず出版社に就職し、文芸雑誌の編集に携《たずさ》わってまいりましたが、結婚、出産と続き、キャリアを中断せざるを得ませんでした。幸い、仕事ができる条件も整いましたところへ、児童書の出版で定評のあるこちらに採用していただくことができました。まことに望外の喜びで、心より感謝いたしております。

現在、子どもを取り巻く状況は決してよいとはいえませんが、それだからこそ、子どもの夢や想像力を育《はぐく》む優れた児童書の出版は大切なことだと思っております。私自身、子どもができましたことで、いっそう児童書に対する関心も深まり、この仕事に大変やりがいを感じております。

しかし、出版界も日進月歩ですので、ブランクによって、分からないことやご迷惑をおかけすることがあるかと存じます。皆様に追いつけるよう鋭意努力いたしますので、どうかよろしくお願い申し上げます。

歓迎会の謝辞の組み立て

謝辞 自己紹介をし、歓迎会への感謝を述べる。

＜

心境と抱負 現在の心境を語り、今後の抱負を述べる。

＜

結びの言葉 今後の支援を仰《あお》ぎ、挨拶を結ぶ。

ここがポイント

中途入社の場合、以前のキャリアなどをさりげなくアピールし、理解を深めてもらうようにしましょう。しかし、新しいところでは新人ですから、謙虚に教えを乞《こ》う姿勢を示すようにしましょう。

ここをチェック！

再就職で、ブランクがある場合は、その旨を率直に述べると、好感をもたれます。

話し手
幹事（男性）

栄転社員歓送会での挨拶①

［職場の部下］ 2分

▼栄転を喜び、これまでの貢献に感謝する▲

祝辞と報告	業績の回顧と感想	結びの言葉

この度、白州課長が人事異動で本社に転勤されることになりました。

本日の送別会には、部署を問わず、このように大勢の人にお集まりいただき、改めて、白州課長の人望の厚さを感じ入ったことでございます。

白州課長は、入社以来、当支社の人事部に勤務されてきましたが、常に新しいアイディアを出されては、卓越した仕事ぶりで貢献《こうけん》なさってきました。その一つ、新規に開発なさった人事管理のプログラミングが認められ、本社でもぜひ採用したいということで、異動なさることになったしだいです。ですから、涙は禁物《きんもつ》なのですが、やはり私たちとしましては一抹《いちまつ》の寂《さび》しさを覚えずにはおれません。というのも、白州課長は、仕事面で頼りになるばかりではなく、大変面倒見のいい方で、おそらくお世話にならなかった人はいないのではないでしょうか。私事を申せば、私の縁結びの神も白州課長でした。お世話になりました皆を代表しまして、改めてお礼を申し上げるしだいでございます。

いけません。気持ちを切り替えましょう。ここで白州課長の本社でのご活躍をお祈りしまして、課長愛飲の地酒○○で乾杯とまいりたいと思います。それでは、島部長、乾杯の音頭《おんど》をお願いいたします。

歓送会の挨拶の組み立て

祝辞 転勤を報告し、祝辞を述べる。

＜ **業績と感想** これまでの業績を述べて、感謝の意を表す。

＜ **結びの言葉** 今後の活躍を祈り、挨拶を結ぶ。

ここがポイント

栄転社員を送り出す場合、喜びを表現するのは当然ですが、一方で残念な思いを伝え、これまでの交誼《こうぎ》に感謝するようにしましょう。

ここをチェック！

特に、栄転という言葉を使わなくても、このような説明で栄転を表現することができます。

話し手
支店長（男性）

栄転社員歓送会での挨拶②

［職場の上司］

2分

▼評判の社員の転出を惜しみつつエールを送る▲

祝辞と報告	業績の回顧と感想	結びの言葉

　皆さん、すでにご承知とは思いますが、①この度の人事異動で、悠木課長が静岡支店長として転出されることになりました。まことにおめでたいことで、心よりお祝い申し上げます。

　悠木さんは、新入社員として当支店に配属されて以来、エネルギッシュな行動力で営業活動に邁進《まいしん》してこられました。しかもただ突っ走るタイプではなく、繊細《せんさい》さも併《あわ》せもっており、クライアントさんに対するきめ細かな対応は評判で、よく「ぜひ悠木さんにお願いします」とのご指名を受けたものです。しだいに当支店の顔となり、抜群の宣伝効果を果たしてくれました。今回の異動につきましては、クライアントさんからも「えー、どうして？」と残念がるお言葉を数多《あまた》ちょうだいいたしましたが、最後は「これも悠木さんのためだよね」とエールを送ってくださいました。ですから、私たちも快《こころよ》く、悠木さんを送り出そうではありませんか。そして、悠木さんの抜けたあとは皆で力を合わせて埋めていきましょう。

　悠木さん、②どうかあとのことは心配しないで、静岡支店長としてこれまでどおりエネルギッシュに活躍してください。そして、当社のいっそうの発展、隆盛に貢献《こうけん》してくれることを切《せつ》に願っています。

歓送会の挨拶の組み立て

祝辞と報告　栄転を報告し、祝辞を述べる。

＜

業績と感想　これまでの業績を回顧《かいこ》し、感想を述べる。

＜

結びの言葉　今後の活躍を祈り、挨拶を結ぶ。

ここがポイント

　上司の挨拶は、かわいい部下を、惜しみつつも温かく送り出す度量が表れることを心がけましょう。いずれにしても栄転の場合は、めでたいことなので、異動によるマイナス面を取り上げることは避けましょう。

ここをチェック！

①栄転の社員に対してはまず、おめでとうという言葉をかけましょう。

②役職者として、会社全体からの視点で、異動の重要性と、本人に対する期待を述べるとよいでしょう。

話し手
社員代表（女性）

栄転社員歓送会での挨拶③

［職場の同僚］

2分

▼同期内でのリーダーシップを称え、本社での活躍を願う▲

祝辞	転勤の感想とこれまでの感謝	結びの言葉

吉岡さん、この度は本社開発部への転勤、おめでとうございます。本社で新しく始まる新製品開発プロジェクトの要《かなめ》の一人としていらっしゃるとのこと、本社もさすがによく見ているなあと思いました。

吉岡さんは、私たち同期の中で何をするのも言い出しっぺで、まとめ役でもありました。特に遊ぶことにかけては人一倍熱心で、新しいレストランやバーができたといっては皆を誘惑し、新しい催《もよお》し物が来たといっては皆をけしかけ、そのほか珍妙《ちんみょう》なイベントを企画しては私たちを引きずり込みました。それも押しつけがましくするのではなく、気がついたら皆、乗せられていたという感じでしたので、文句をいう人はいませんでした。しかし、考えてみれば、遊びというのは商品開発部の仕事には非常に大切なことで、その中から自由な発想やアイディアのヒントを得ることができるのだと思います。吉岡さん、これまで私たちを楽しませ、活力を与え、リードしてくれてありがとう。

★そんな吉岡さんがいなくなると、刺激が失われ、寂《さび》しくなると思いますが、吉岡さんの薫陶《くんとう》よろしきを得た誰《だれ》かが必ず引き継ぐことでしょう。だから、吉岡さんは本社でその本領を十二分に発揮《はっき》して頑張ってください。

歓送会の挨拶の組み立て

祝辞　栄転について祝辞を述べる。
＜
感想と感謝　仕事ぶりや人柄について感想を述べ感謝する。
＜
結びの言葉　激励《げきれい》の言葉を述べ、挨拶を結ぶ。

ここがポイント

同僚の栄転を祝う挨拶はなかなかむずかしいものです。ライバル意識をむき出しにしても、うらやましい気持ちが前面に出ても見苦しいものです。あまり気負って考えず、褒《ほ》めるところは素直に褒め、ふだん通りの気楽な感じで挨拶することを心がけましょう。

★バリエーション

同期一同、佐橋さんの栄転を心からお祝いしたいと思います。私たちもこれを励《はげ》みに頑張ります。また、一緒に酒でも酌《く》み交わしましょう。

話し手
本人（男性）

栄転社員歓送会での謝辞

▼念願の転勤を喜び、貴重な体験を感謝する▲

2分

謝辞	転勤の心境と交誼への感謝	結びの言葉

本日は、皆様、ご多忙中にもかかわらず、このように盛大な送別会を催《もよお》してくださいまして、まことにありがとうございます。私は、この度、以前から希望しておりました大阪支店の営業部に異動することになりました。夢が叶《かな》ったことをうれしく思いますが、皆様とお別れするのかと思いますと、無性《むしょう》に寂《さび》しさがこみ上げてまいります。

私は、ここでの七年間でさまざまなことを学び、大きく成長させていただいたと思っております。支店長からは「責任は俺《おれ》がとるから、思いっきりやれ」というお言葉のもと、積極的に仕事に取り組む勇気を、営業部長からは「うちの営業部は、三本ならぬ一二本の矢だ」というお言葉のもと、個人プレイに走りがちな営業部員同士、お互いに協力し合って仕事をする精神を、そして皆々様からは温かくフレンドリーなお付き合いを通して信頼関係の大切さを学ばせていただきました。皆様、本当にありがとうございました。ここで得ました貴重な体験を糧《かて》にして、大阪支店でも頑張っていこうと思っております。

最後に、当支店の発展と、皆様のご健康とご活躍を心よりお祈り申し上げて、私の挨拶《あいさつ》とさせていただきます。

歓送会の謝辞の組み立て

謝辞 < **心境と感謝** < **結びの言葉**

転勤の報告をし、歓送会への感謝を述べる。

転勤にあたっての心境と今後の決意を述べる。

交誼《こうぎ》への感謝を述べ、皆の健勝《けんしょう》を祈る。

ここがポイント

栄転する本人の挨拶は、奢《おご》らず、謙虚なことが大切です。特に、これまで世話になったところへは感謝の言葉を十分に尽《つ》くすようにしましょう。

また、最後の挨拶なので、くだけすぎず、ある程度改まった感じにするほうがよいでしょう。

ここをチェック！

本人の口からは栄転とはいいにくいものです。このようにさりげない形で喜びを表現する程度にとどめましょう。

話し手
支店長（男性）

転勤社員歓送会での挨拶

【職場の上司】

▼複数の転勤社員の功績を称え、温かく送り出す▲

2分

結びの言葉	これまでの感謝と今後への期待	始めの言葉

毎年、この時期は去る人あり、来る人ありで、私たちも寂《さび》しいやらうれしいやら、悲喜こもごもの思いをいたしますが、今年も、矢崎課長、芦田主任、沢田さんの三人が転勤されることになり、寂しい限りです。

矢崎課長には、私の右腕にも左腕にもなって、至らないところを常に補っていただきました。芦田主任は、仕事には厳しく、情には厚い熱血漢で、皆の信頼を一身に集めておりました。沢田さんは、コンピュータの申し子のような存在で、「コンピュータのことは沢田さんに聞け」が合い言葉になっておりました。それぞれ、当支店には欠かせない貴重な人材ばかりで、初めて知ったときには、私自身、思わず「なぜだ！」と叫びたい思いでした。しかし、当支店でほしい人材はほかの支店でもほしい人材のはず、独占しては申し訳ないと思うに至りました。それにご本人にとられましても、違うところで新たな経験を積まれることは、プラスにこそなれ、マイナスになることはありません。それぞれの任地で一回りも二回りも大きく成長していただきたいと思っております。

本日はここでいったんお別れはいたしますが、同じ会社の仲間であることには変わりありません。ともに、会社のために頑張りましょう。

歓送会の挨拶の組み立て

始めの言葉
転勤の報告を行う。

感謝と期待
これまでの功績を称《たた》えて感謝し、今後の活躍を期待する。

結びの言葉
激励《げきれい》の言葉を述べて、挨拶を結ぶ。

ここがポイント

複数の人の歓送会では、それぞれの人について、平等に過不足のない挨拶をするように心がけましょう。

また、離れても部下を思いやる気持ちに変わりはないことを伝えると、温かみのある挨拶になります。

話し手
本人（男性）

転勤社員歓送会での謝辞

▼これまででの交誼を感謝し、新任地での意気込みを語る▲

2分

謝辞	交誼への感謝	結びの言葉

　皆様、本日は私のために、心のこもった送別会を開いてくださいまして、まことにありがとうございます。

　私が神戸営業所に赴任《ふにん》しましてから、早いもので五年有余が経《た》ちました。この間、お世話になりました方々は数えきれません。一人一人の方にお礼を申し上げることはできませんが、この場を借りまして心より感謝申し上げます。また、皆様との思い出もたくさんありすぎて、こちらもすべてを語り尽《つ》くすことはできません。しかし、その中で、一つだけあげさせていただくとすれば、二年前、全社一丸《いちがん》となって展開した新製品の販売キャンペーンです。宣伝部、営業部、総務部、商品管理部などそれぞれの部署がそれぞれの立場で新製品の販売に取り組みました。私もマーケティング部の一員として、顧客《こきゃく》の掘り起こしに従事いたしました。「なせばなる」で、結果的には、全国の営業所中、トップの売り上げを記録しましたが、あのときの高揚感《こうようかん》、達成感は忘れることができません。

　しかし、私の気持ちはすでに新しい任地、盛岡営業所に向いております。まだ歴史の浅い営業所ですが、非力ながら、今後の発展にいささかでもお役に立てればと思っております。本日はありがとうございました。

歓送会の謝辞の組み立て

謝辞
送別会へのお礼を述べる。

＜

交誼への感謝
これまでの体験を語り、交誼《こうぎ》に感謝する。

＜

結びの言葉
今後の抱負を語り、挨拶を結ぶ。

ここがポイント

左遷気味の転勤の場合、ぐちったり、しょげたりすると、せっかくの会も雰囲気《ふんいき》が暗くなり、参会者も辛《つら》いものです。明るく、未来を語ることで、会を盛り上げるようにしましょう。

話し手
主任（男性）

海外赴任者歓送会での挨拶

▼若手の海外赴任を激励し、自らの体験を伝える▲

［職場の先輩］

2分

祝辞	活躍への期待と激励	結びの言葉

角川さん、この度はニューヨーク赴任おめでとうございます。ニューヨーク赴任といえば、若手の登竜門《とうりゅうもん》とされ、実力を認められたということですから、角川さんもさぞうれしいことでしょう。

★しかし、角川さんのキャリアを考えれば、これも納得がいきます。角川さんは、大学卒業後、ニューヨーク大学でMBAを取得した逸材《いつざい》で、当行に入行後も一貫して海外融資業務に携《たずさ》わり、優れた業績を上げてきました。金融の中心地でも、存分に力を発揮《はっき》することでしょう。ですから、仕事面に関しては全く心配しておりません。生活面でもニューヨークは体験済みですから、だいじょうぶでしょう。残る心配は、単身赴任ということで、健康面でしょう。私の体験から申しますと、不規則な食事、高カロリー食に加え、運動不足に陥りがちなので、その点は注意が必要でしょう。また、芝居やイベントなど楽しみにも事欠きませんが、その分、夜更かしにはくれぐれも気をつけてください。しっかり者の角川さんには余計なことかもしれませんが、先輩の老婆心《ろうばしん》と思ってください。

それでは、角川さん、健康に気をつけて、大いに仕事に励《はげ》み、大いにニューヨークライフを楽しんできてください。

歓送会の挨拶の組み立て

祝辞 赴任を喜び、祝辞を述べる。

＜

期待と激励 赴任先での活躍を期待し、勇気づける。

＜

結びの言葉 さらに激励《げきれい》し、挨拶を結ぶ。

ここがポイント

海外赴任の先輩としての体験を話すと、有意義な挨拶となるでしょう。また、不安を解消する内容を心がけましょう。

★バリエーション

柴田さんは、中国は初めてとのことで、心配しているようですが、私たちは安心しきっています。というのも、適応力抜群で、これまでもどんな環境にもうまくはまり込んで、いつの間にか、はじめからそこにいたような顔をしているからです。

話し手
本人（男性）

海外赴任者歓送会での謝辞

▼海外赴任を喜び、仕事へ意欲を燃やす▲

2分

謝辞	交誼への感謝と今後の抱負	結びの言葉

本日は、私のためにかくも大勢の皆様にお集まりいただきまして、感謝にたえません。この度、ロンドン勤務を仰《おお》せつかりまして、近々赴《おもむ》くことになりました。これまでシンガポール、バンコクなどアジアでの海外勤務は経験しておりますが、ヨーロッパは初めてで楽しみです。

ロンドンは、現在、再開発が盛んで、私もそのプロジェクトの一翼《いちよく》を担《にな》うわけですが、★海外勤務といいますと、考え方や生活習慣の違いが仕事にも反映され、むずかしい局面に遭遇《そうぐう》することも少なくありません。しかし、それをクリアしていくにつれ、その国が近しいものになり、仕事にも弾《はず》みがついてきます。少なくともアジアでの経験ではそうでしたので、イギリスでもそうなることを期待しております。それに、以前の独身時代と違って今回は家族を伴っての赴任です。欧米では仕事、プライベートを問わず、付き合いは夫婦単位ということが多いので、その点でも助かりますし、気持ちのうえでも楽になると思います。

これで、いい仕事ができなかったら、皆様に顔向けできないという感じです。私の力の及ぶ限り、頑張ってまいりたいと思います。皆様もお元気で、ますますご活躍ください。本日はありがとうございました。

歓送会の謝辞の組み立て

謝辞 送別会への感謝を述べ、海外赴任を報告する。

＜

感謝と抱負 これまでの交誼《こうぎ》に感謝し、今後の抱負を語る。

＜

結びの言葉 活躍を誓い、改めて感謝し、挨拶を結ぶ。

ここがポイント

海外勤務に慣れた人なら、海外での仕事や生活を楽しむぐらいの気概《きがい》を示すとよいでしょう。後輩の励《はげ》みにもなります。

★バリエーション

海外経験は、学生時代に観光で二、三か国を短期間訪れただけですから、長期滞在は、正直なところ不安です。しかし「住めば都」といいますし、生来、呑気《のんき》なせいか、そのうちいい感じになっていくだろうと楽観しております。

話し手
社長（男性）

定年退職者送別会での挨拶①

▼これまでの功績に感謝し、変わらぬ交誼を願う▲

2分

謝辞	業績の回顧と感謝	結びの言葉

　この度、創業まもなくのころから、苦楽をともにしてきました皆さんが退職されることになりました。長い間、当社のために尽《つ》くしていただき、本当にありがとうございました。

　皆さんが働いてくださった時期は、ちょうど日本の高度経済成長期が終わり、公害問題が出現したり、二度のオイルショック、バブル崩壊などもあり、変化の激しい激動の時代でした。この間、当社がときには苦境に陥りつつも成長を続けることができましたのは、そのつど、変革を恐れず新しい技術革新や経営戦略に取り組み、現場で誠実に仕事をしてくださった皆さんの存在があったからこそと存じます。皆さんの中には、新しい機械を発案してくださったり、新しいプロジェクトを立ち上げてくださったり、永年勤続を成就《じょうじゅ》してくださったり、際《きわ》だった成果を上げてくださった方々も少なからずいらっしゃいます。大変お疲れさまでした。そして、改めて心より感謝申し上げます。

　幸い、嘱託《しょくたく》として残ってくださる方は、今後ともよろしくお願い申し上げます。そのほかの方々もこれで終わりということではなく、これからも変わらず親しくお付き合い願えればと思っております。

送別会の挨拶の組み立て

謝辞 < 回顧と感謝 < 結びの言葉

これまでの労をねぎらい感謝の言葉を述べる。

業績を回顧《かいこ》し、会社への貢献《こうけん》を感謝する。

はなむけの言葉を述べ、変わらぬ交誼《こうぎ》を願う。

ここがポイント

　定年退職まで勤めてもらったことに感謝し、言葉を尽くして労をねぎらうようにしましょう。

　退職者が数少ない場合は、社長自ら名前を呼んであげるようにしましょう。

　また、「皆様」より「皆さん」のほうが親しみが湧《わ》きます。

ここをチェック!

　退職者にとって、永年勤めた会社を去るのは寂《さび》しいものです。今後への縁をつなぐ言葉で締めくくると、喜んでもらえるでしょう。

話し手
社員（女性）

定年退職者送別会での挨拶②

【職場の部下】

2分

▼世話になった上司への感謝と惜別の情を伝える▲

謝辞	回顧と感謝	結びの言葉

いつかは来ると思っていた日がとうとう来てしまいました。園田部長、これまで大変お世話になりまして、本当にありがとうございました。

私事で恐縮ですが、たまたま宣伝部に配属され、さして欲もなかった私に仕事の面白さ、厳しさを教えてくださったのが園田部長でした。最初、アシスタントとして当時は課長でした園田部長の下につきましたが、「仕事をする以上はプロを目指せ」と、厳しくイロハからたたき込んでくださいました。失敗には寛容でしたが、決して妥協は許さず、「もっとよくなるはずだ」と何度も突き返された仕事がどれだけあったことでしょう。ときに涙の出ることもありましたが、そうした試行錯誤《しこうさくご》を通じて仕事の完成度は高くなり、仕事の醍醐味《だいごみ》も分かるようになりました。今となっては感謝のほかはありません。それは、おそらく園田部長の指導を受けた人誰《だれ》しもが思っていることではないでしょうか。しかし、一歩仕事を離れれば、部下とも気楽にお付き合いくださり、気詰まりをいっさい感じさせない方でもありました。

園田部長の退職は寂《さび》しい限りですが、部長の教えは私たち皆で引き継いでまいります。安心して第二の人生に踏み出していってください。

送別会の挨拶の組み立て

謝辞　これまでの労をねぎらい、感謝する。

＜

回顧と感謝　仕事の付き合いを回顧《かいこ》し、交誼《こうぎ》に感謝する。

＜

結びの言葉　はなむけの言葉を述べ、挨拶を結ぶ。

ここがポイント

一般に、部下は、上司には公私ともに世話になっていることが多いので、残念な思いや感謝の気持ちが十分伝わるような挨拶を心がけましょう。

マナー

記念品を贈る

退職者には、皆で心づくしの記念品を贈るとよいでしょう。あらかじめ希望を聞いたり、趣味などを調べて、喜んでもらえる品物を選びましょう。

話し手
本人（男性）

定年退職者送別会での謝辞

▼会社の温情に感謝し、思い出を熱く語る▲

2分

謝辞	回顧と感謝	結びの言葉

本日は、ご多用中にもかかわらず、私のために盛大な会を催《もよお》していただきまして、心より感謝申し上げます。振り返ってみますと、この会社の社員であったことは何て幸せだったのだろうとしみじみ思います。

皆さんもご存じのように、会社も順風満帆《じゅんぷうまんぱん》だったわけではなく、いいときも悪いときもございました。しかし、どんなときも会社は私たち社員のことを第一に考えてくれました。今でも忘れられないのは、オイルショックの直撃を受けて、会社が倒産の危機に陥ったときのことです。普通でしたら、当然リストラをするところ、経営陣は自分たちの給料を返上し、「社員こそが会社の財産だ。ただの一人もリストラはしない」と踏ん張ってくれたのです。これには社員一同、感激し、必死に働きました。気持ちが一つになったときの組織は強く、見事、危機を乗り越えました。この出来事は、人生で何が大切かを私に教えてくれました。本当にありがとうございました。

退職後、私は新天地で再出発いたしますが、私の会社を応援する気持ちに変わりはありません。会社が、これからも社員を大切にし、ますます発展していきますよう、心からお祈り申し上げます。

送別会の謝辞の組み立て

謝辞
送別会への感謝を述べ、退職の心境を語る。

＜

回顧と感謝
これまでを回顧《かいこ》し、会社に感謝を述べる。

＜

結びの言葉
今後の抱負を語り、会社の発展を祈る。

ここがポイント

会社に感謝を述べる際、あれもこれもと欲張らず、特に印象的なエピソードを取り上げると効果的です。

ヒント

名言・ことわざの句例
・歳月人を待たず
・光陰矢のごとし
・断腸の思い
・日暮れて道遠し
・終わりよければすべてよし

話し手
課長（男性）

中途退職者送別会での挨拶①

［職場の上司］

▼世界に出て活動する退職者にエールを送る▲

2分

退職の報告	回顧と激励	結びの言葉

　皆さん、すでにお聞き及びのように、足立さんが今月いっぱいで退職し、青年海外協力隊としてイエメンに赴《おもむ》くことになりました。

　足立さんは、これまでの五年間、プログラマーとして、その才能を発揮《はっき》し、会社にとってかけがえのない存在となっておりましたので、大変な損失になります。青年海外協力隊は派遣期間が二年、そのあと会社に戻るシステムもあるとのことでしたので、「そうしたらどうか」といったのですが、これをきっかけにその道に進みたいという決意が固く、私どももこれ以上の説得は、かえって失礼になると判断いたしました。

　足立さんは、幼少時から父君の転勤のため海外経験が豊富で、特にアジアやアフリカなどの国々に対する関心が強く、学生時代にもあちこち旅して回ったと聞いております。イエメンでは、病気対策のプログラミングに従事するとのことで、よく考えてみれば、足立さんは天職を見つけたのかもしれません。今後はその能力を世界のために役立ててくれることを願って、心からのエールを送りたいと思います。

　今日は、旅立つ足立さんの健康と活躍を祈って、皆で盛大に祝いましょう。まずは、乾杯といきましょう。

送別会の挨拶の組み立て

退職の報告
退職を報告し、その理由を説明する。

＜

回顧と激励
仕事ぶりを回顧《かいこ》し、今後の活躍に期待する。

＜

結びの言葉
激励《げきれい》の言葉を述べ、挨拶を結ぶ。

ここがポイント

一般的に、送別会を開いてもらえる中途退職者は円満退社なので、送るほうはきちんと過去の業績を評価して、温かく送り出すようにしましょう。

マナー

退職理由の説明には配慮を

　中途退職の動機や経緯には触れてもらいたくない微妙な事情があるケースもあるので、その点は十分に配慮しましょう。

話し手
部長（男性）

中途退職者送別会での挨拶②

［職場の上司］

▼ベテラン社員の技術を称え、退職を惜しむ▲

2分

退職の報告	会社の現状	業績と貢献	結びの言葉

　この度、当社では、五〇歳以上の社員に対して全社的に退職をお願いすることになり、当技術部からも蜷川祐二さんと垂水芳光さんのお二人が退職されることになりました。

　当社は、パソコン向け液晶を製作しておりますが、ご承知のように、アジアの廉価《れんか》な製品に追い上げられ、採算割れを起こしております。当社が生き残っていくためには、パソコンに限らず、今後の発展が見込まれるデジタル家電全般への幅広い対応が必要とされておりますが、今はとてもその体力がありません。ここは、犠牲を払っても会社の存続をはからなければならない事態となっております。

　蜷川さん、垂水さんの技術力は高く、お二人の退職は苦渋《くじゅう》の決断でございました。しかし、お二人の技術力はほかでも必要とされるものですし、資格もおもちなので、新しい職場でもきっとこれまで以上にご活躍されることと存じます。

　蜷川さん、垂水さん、長い間、大変お世話になりまして、本当にありがとうございました。私どももお二人を範《はん》として頑張りたいと思います。

送別会の挨拶の組み立て

退職の報告 ＜ 退職を報告し、理由を述べる。

会社の現状 ＜ 会社の現状を述べ、退職の理解を求める。

業績と貢献 ＜ 退職者の業績、貢献《こうけん》を述べ、今後の活躍を期待。

結びの言葉 退職者に感謝し、挨拶を結ぶ。

ここがポイント

　リストラ社員への挨拶は、気の重いものですが、できるだけ暗くならないように努めましょう。

　また、在職中の貢献を称《たた》え、今後の活躍にエールを送ることを忘れずに。

話し手　本人（男性）

中途退職者送別会での謝辞

▼中途退職し、家業を継ぐ決意と抱負を語る▲

2分

謝辞	心境と今後の抱負	結びの言葉

本日は、この度の私の退職に際しまして、このような別れの席を設けていただき、まことにうれしく、心より感謝申し上げます。

故郷の湯布院《ゆふいん》に戻りまして家業の温泉旅館を引き継がなければならなくなったとはいえ、一五年の長きにわたって、勤めました会社を去ることには、忍《しの》びがたいものがありました。会社がいやになったわけでもなく、営業という仕事にもやりがいを感じておりましたから、尚《なお》のこと、中途でのキャリアの断念は大変残念に存じます。しかし、ものは考えようで、もしかしたらこちらで学ばせていただいた営業のノウハウは、旅館の営業活動にも応用できるのではないかという気がしてまいりました。急な家の事情で去らなければならないことに心苦しさを感じておりましたが、そうできれば、私を育ててくださった皆様に少しでも報《むく》いることができるのではないかと思います。

皆様とお別れするのは大変寂《さび》しいことですし、皆様のこれまでのご厚情は忘れません。しかし、もう迷いは禁物《きんもつ》です。一生懸命《けんめい》仕事に励《はげ》んで、家業を伸ばしていきたいと思います。皆様もお元気で、会社をますます盛り上げていってください。長い間、本当にありがとうございました。

送別会の謝辞の組み立て

謝辞
退職を報告し、送別会への感謝を述べる。

＜

心境と抱負
現在の心境を述べ、これまでの交誼《こうぎ》に感謝し、今後の抱負を述べる。

＜

結びの言葉
改めて感謝し、挨拶を結ぶ。

ここがポイント

中途退職は自分の都合によるものなので、その点に留意して、これまでの交誼に感謝するようにしましょう。

また、退職の理由を言いたくない場合やあとが決まっていない場合は「一身上の都合」を使うといいでしょう。

いずれにしても、礼儀として、辞めるのが残念だという気持ちを伝えましょう。

話し手
部長（男性）

結婚退職者送別会での挨拶

［職場の上司］ 2分

▼仕事の能力を家庭でも生かすよう期待する▲

祝辞	業績と思い出	結びの言葉

山科千絵さん、この度はご結婚おめでとうございます。しかし、ご結婚を機に退職なさるとのことで、大変残念に思っております。

山科さんは、入社当時から新入社員とは思えない落ち着きがあり、電話の受け答え、敬語の使い方なども堂に入っていて、研修の必要がないほどでした。当初は、その落ち着きぶりを買われて、営業部の内勤として配属されました。内勤とはいいましても、車の販売会社ですから、車についてよく知っていないと、お客様からのお問い合わせにも対応できません。山科さんは、先輩顔負けの車の知識を発揮《はっき》し、お客様の評判も上々でした。そのうち、内勤ではもったいないということになり、営業活動に出てもらうことにしたのです。私たちが見込んだとおり、たちまち月の売上台数は常にベスト3に入るトップセールスをあげるようになりました。退職に際しては、私どもも随分《ずいぶん》お引き留めしましたが、「何事にも力いっぱい取り組むのが私のやり方なので、いま仕事をするのはかえってご迷惑をかけます」と決意が固く、あきらめざるを得ませんでした。

そんな山科さんですから、きっとすばらしい幸せな家庭を築くことでしょう。今後はお客様として、当社と末永くお付き合いください。

送別会の挨拶の組み立て

祝辞 結婚を祝福し、退職を報告する。
＜
業績と思い出 職場での仕事ぶりを述べ、思い出を語る。
＜
結びの言葉 はなむけの言葉を贈り、挨拶を結ぶ。

ここがポイント

本人が望むことなので、気持ちよく祝福してあげましょう。また、仕事ぶりや人柄などの優れたところを紹介し、盛り上げてあげましょう。

ここをチェック！

退職者にとって、退職の理由が何であれ、別れは寂《さび》しいものです。今後の付き合いに余韻《よいん》を残す言葉で送ってあげましょう。

話し手 本人（女性）

結婚退職者送別会での謝辞

▼これまでの職場での充実した日々や交誼を感謝する▲

2分

謝辞	心境と交誼への感謝	結びの言葉

本日は、こんなすてきなところで、私のためにお別れの会を開いてくださいまして、まことにありがとうございます。田中部長をはじめ、大勢の皆様のご出席を賜《たまわ》り、心より感謝申し上げております。

こちらの営業部にお世話になりましてから約七年、すばらしい上司や仲間に恵まれ、仕事も大変ではありましたがやりがいがあり、とても充実した日々でした。これまでは、たとえ結婚しても、仕事はぜったいやめないつもりでおりました。ところが、この度、結婚をする相手が海外勤務を命じられ、それこそ結婚か仕事かの二者択一《たくいつ》を迫られることになったのです。まさにハムレットの心境でした。残念な気持ち、寂《さび》しい思いはありますが、結婚をしましてアメリカのシアトルに赴《おもむ》くことになりました。この間、ご相談に乗っていただいた方々にはお礼を申し上げますとともに、いろいろとご迷惑をおかけいたしましたことをお詫《わ》び申し上げます。本当に、皆様、長い間ありがとうございました。

シアトルでは何が待っているか分かりませんが、新しい環境に飛び込んでいくのは営業活動で鍛《きた》えていただきましたので、心配しておりません。

最後に、皆様のご活躍と会社の発展を心よりお祈り申し上げます。

送別会の謝辞の組み立て

謝辞 送別会開催への感謝を述べる。

<

心境と感謝 現在の心境を述べ、これまでの交誼《こうぎ》に対して感謝する。

<

結びの言葉 今後の抱負を述べ、会社の発展を祈る。

ここがポイント

結婚退職は、自己都合退職ですから、会社やお世話になった人たちに対して感謝することを、何より忘れないようにしましょう。

ここをチェック！

これまでの会社での経験が無駄ではなく、今後に生かせることを述べると、好印象を与えることができます。

自己紹介の挨拶例

組み立てとポイント

自己紹介の目的は、まず自分の名前を知ってもらい、覚えてもらうことです。そのうえで、できるだけよい第一印象を与え、信頼されるよい人間関係を築くことができればベストです。

社外の人との対面では、名刺を用意するのを忘れないようにしましょう。

①出だしと名のり…「初めまして」「こんにちは」「失礼でございますが」などと切り出し、姓名、所属する会社名や部署などを名のり、会合との関係などを説明する。

②自己アピール…仕事、趣味、出身地、性格、モットー、エピソードなどで、自分の生き方や考え方を印象づける。

③結び…姓名を繰り返し、「よろしくお願いします」と締《し》めくくる。

▼社内外での自己紹介

●取引先で…お初にお目にかからせていただきます。私、○○社営業部の朝倉潤と申します。前任の浜田に代わりまして、今月から御社《おんしゃ》を担当させていただくことになりました。大切なお取引先である御社を任されまして、大変光栄に思っております。浜田同様、どうかよろしくお願い申し上げます。

●社内配属先で…この度、開発部に配属され、システムエンジニアとして携《たずさ》わることになりました沢木はるかです。子どものころからパソコンで遊んでおりまして、その好きなパソコンで仕事ができるなんて何という幸せ、と張り切っております。もうひとつの趣味はスカッシュで、パソコンに疲れた頭にスカッと最高です。

●気軽な会合で…○○物産営業部の大隈信重と申します。明治の元勲《げんくん》、大隈重信の子孫といいたいところですが、残念ながら縁もゆかりもありません。熊本育ちの親の命名ですが、後々の本人の苦労を考えないで、子の心親知らずとはこのことです。とはいえ、どこかで大隈重信が出てきましたら、私のことをぜひ思い浮かべてください。

▼公の場での一方的な自己紹介

●失礼でございますが、○○クリエイティブの島田社長でいらっしゃいますか。私、株式会社○○宣伝部の尾崎史郎と申します。以前から、テレビＣＭなどを通じてご高名は存じ上げておりまして、いつかはお目にかかりたいと思っておりましたので、ご無礼《ぶれい》を顧《かえり》みずお声をかけてしまいました。

第6章

慶事・弔事のスピーチ

結婚披露宴では祝福する気持ちを
葬儀では哀悼の気持ちを
その人なりの言葉で伝えることです。
話す人の立場に応じた決まりごとはありますが、
共感を呼ぶのは心のこもったスピーチです。

慶事・弔事のスピーチのポイント

◎結婚披露宴の祝辞のポイント

結婚の儀は、人生の中でも大変重要な祝いごとです。新郎新婦や関係者の心に残る挨拶を心がけます。

まず、①お祝いの言葉、②新郎（新婦）の紹介、③はなむけの言葉の三つを押さえます。媒酌人の場合は、これに挙式報告、結婚までの経緯を加えます。

そのうえで、②については、仕事の話を中心に、美辞麗句を並べ立てるのではなく、微笑《ほほえ》ましい、あるいは感動的なエピソードを披露《ひろう》すると、印象深く好ましい挨拶になります。

また、媒酌人は披露宴をリードする立場として、主賓はトップバッター

祝辞の組み立て・基本型（結婚披露宴）

祝辞	自己紹介	新郎新婦の紹介	はなむけの言葉	結びの言葉
新郎新婦への祝辞を述べる。	自己紹介し、新郎（新婦）との関係を説明する。	新郎（新婦）の仕事ぶりや人柄、趣味、また結婚までのいきさつなどを、エピソードを交えて紹介する。	新生活への励《はげ》ましや期待、またアドバイスを述べる。	改めてお礼やお祝いを述べる。
香取亮太君、清花さん、本日は、ご結婚、まことにおめでとうございます。	私は、香取君が勤めております○○商事営業部長の樺山と申します。僭越《せんえつ》ではございますが、一言、お祝いのご挨拶をさせていただきます。	香取君は、大学の柔道部員として世界を転戦した経験や、アラビア語が堪能《たんのう》だという貴重な能力を買われ、営業部に配属されてまいりました。入社当初から期待の星でございましたが、なかなか切りくずしのむずかしかった相手も香取君の軍門には易々《やすやす》と下ってしまうなど、その後の活躍ぶりは私どもの期待をはるかに凌駕《りょうが》するもので、うれしさも一入《ひとしお》でございます。……	来年には、香取君は、海外勤務になる予定です。どうぞ、お二人で手を携《たずさ》えて、新天地で頑張っていただければと願っております。	これからのお二人のご幸福とご活躍を心よりお祈り申し上げ、お祝いのご挨拶《あいさつ》といたします。

として、そのあとの雰囲気《ふんいき》をつくりだす役割を担《にな》っています。格調を保ちながらも、和《なご》やかな気持ちにさせる挨拶を心がけましょう。

◎弔辞のポイント

葬儀は、故人が安らかに旅立てるように皆で見送る最後の場です。心残りのないよう、故人に哀悼《あいとう》の意を表すことが大切です。かといって、悲しみにおぼれず、節度ある哀悼の言葉を述べて、皆の気持ちを慰《なぐさ》めるような弔辞《ちょうじ》を心がけましょう。

基本は、①始めの呼びかけ、②故人の功績と人柄、③哀悼の言葉ですが、②については、列席者にも理解してもらえるような生前の業績や、会社での存在の大きさ、また故人の人柄を偲《しの》ばせる具体的なエピソードを盛り込むと、共感が得られる弔辞になります。

弔辞の組み立て・基本型

始めの言葉	故人の業績と人柄	哀悼の言葉	結びの言葉
故人に呼びかけ、哀惜《あいせき》の気持ちを表す。他界の経緯を述べる場合も。	故人の経歴や仕事上の功績、また人柄などを、故人の言葉やエピソードなどを交えて偲ぶ。	故人への哀悼の言葉を表すとともに悲しみを乗り越えることを誓う。	故人の冥福《めいふく》を祈る言葉を述べ、挨拶を締めくくる。
謹《つつし》んで井筒直毅部長の御霊《みたま》に、お別れのご挨《あい》拶《さつ》を申し上げます。あまりにも突然の訃報《ふほう》に、心の準備もできないうちに、こうしてお見送りすることになり、一同信じられない思いです。	井筒部長は、強烈なリーダーシップと豪放磊落《ごうほうらいらく》なキャラクターとで、常に私たちの先頭に立ち、ぐいぐいと引っ張っていってくださいました。トラブルがあっても上や外に対しては、ご自分が前面に出て私たちを守ってくださり、落ち込んでいる部下をめざとく見つけては、それとなく気持ちを引き立ててくださいました。私たちはそんな部長の中に、仕事に対する熱意や私たちに対する愛情を感じとり、誰《だれ》もが部長を信頼し、慕《した》っておりました。……	今、私たちは途方に暮れておりますが、気持ちを引き立ててくださった部長はいらっしゃいません。私たちは私たち自身で気持ちを引き立て、部長に報《むく》いなければと思っております。	悲しみは尽《つ》きませんが、部長のご遺志は私たちが必ず引き継いでまいる所存です。ですから、どうぞ安らかにお眠りください。

話し手
社長（男性）

媒酌人の挨拶①

▼将来性豊かな二人の公私にわたる活躍を期待する▲

4分

お礼と祝辞 ｜ 自己紹介 ｜ 挙式報告

本日は、お忙しいところ、香取亮介さんと衣笠麻衣さんの結婚披露宴《ひろうえん》にご臨席賜《たまわ》りまして、まことにありがとうございます。また、新郎新婦、ご両家の皆様、よき日を迎《むか》え、お慶《よろこ》びのこととお祝い申し上げます。

①私はこの度、媒酌人の大役を仰《おお》せつかりました玉木徹三でございます。現在、新郎が勤めます○○物産の社長をいたしております。

②まず、本日午前十時より◇◇神社におきまして三献《さんこん》の儀《ぎ》を執《と》り行い、めでたくご夫婦になられましたことを、皆様に謹《つつし》んでご報告申し上げます。荘厳《そうごん》な中にも清々《すがすが》しい雰囲気《ふんいき》に包まれた、すばらしい式でございまして、改めてお二人の新しい門出《かどで》をお祝い申し上げます。

さて、ここで、お二人の経歴や人柄をご紹介させていただきます。

新郎の香取亮介さんは、昭和○○年、香取亮吾様、晶子様の長男として東京でお生まれになりました。A大学政経学部を優秀な成績で卒業後、私どもの会社に入社され、以来、営業一筋で、文字通り世界を股《また》にかけて活躍されております。香取さんは、物怖《ものお》じしない性格で、相手の懐《ふところ》に飛び込んでいって、いつの間にか信頼を勝ち得てしまいます。コミュニケーショ

媒酌人の挨拶の組み立て

お礼と祝辞	列席者へのお礼と、結婚へのお祝いを述べる。
＜ 自己紹介	新郎新婦との関係を述べ、自己紹介をする。
＜ 挙式報告	挙式が無事終了したことを報告する。
＜ 新郎新婦の紹介	新郎新婦の経歴や人柄を紹介する。
＜ 結婚までの経緯	結婚に至るまでのいきさつを紹介する。
＜ はなむけの言葉	新生活へのアドバイスを述べ、激励《げきれい》する。
＜ 結びの言葉	新郎新婦への支援を願い、再度謝辞を述べる。

ここをチェック！

①自己紹介では、自分のことは謙虚に、簡潔にまとめましょう。

②挙式に出席できなかった人たちのために、式場の雰囲気を伝えてあげるようにすると喜ばれます。

結びの言葉	はなむけの言葉	結婚までの経緯	新郎新婦の紹介

ン能力にも優れており、交渉ごとや調整の場でも実にスムーズに話をまとめてしまいます。語学も堪能《たんのう》ですし、まさに商社の営業マンとして得がたい資質を備えており、将来を嘱望《しょくぼう》されております。

新婦の衣笠麻衣さんは、昭和△△年、衣笠泰久様、倫代様の次女として横浜で誕生されました。B大学英文科を卒業され、外資系企業□□に就職なさいまして、現在、広報の仕事に従事なさっております。大変闊達《かったつ》なご性格で、特にマスコミ相手の鮮《あざ》やかな対応ぶりは評判になっております。

このようにお似合いの優秀なお二人がどこで知り合ったかと申しますと、大学の演劇サークルを通じてでした。両大学は昔から交流が盛んでしたが、特に合同の演劇サークルはレベルが高く、年一度の公演は一般にもよく知られております。そこでお二人はスター的存在で、シェイクスピアの「じゃじゃ馬ならし」で共演なさったのです。その後、ここに至るまでのお二人の関係が「じゃじゃ馬ならし」を地でいったものだったのかどうかは、皆様のご想像にお任せいたします。いずれにしましても、今は、お二人が琴《きん》瑟相和《しつあいわ》することには間違いございません。

結婚後もお二人とも仕事は続けられるそうですが、お二人への期待感が大きいだけに、これから仕事も大変になることと思います。お二人で力を合わせて仕事と家庭の両立に努め、よい夫婦関係を築いてください。

どうか、周りの皆様もお二人がよい家庭を築けるよう、見守りいただき、またご支援くださいますよう、お願い申し上げます。

ここがポイント

媒酌人の挨拶は、披露宴のトップを切る重要なものですから、内容に遺漏《いろう》のないよう、また、格調をもって行いましょう。

新郎新婦、いずれの側の媒酌人であっても、内容が一方に偏《かたよ》らないようにしましょう。

ヒント

夫婦仲のよさを表す言葉

琴瑟相和《きんしつあいわ》す…琴と瑟（大琴）の合奏で音がよく合うことの意から、夫婦仲が非常によいことのたとえ。

鴛鴦《えんおう》の契《ちぎ》り…鴛はおしどりの雄、鴦は雌の意で、仲のよい鳥であることから夫婦仲のよさを表す。

比翼連理《ひよくれんり》…比翼は、雄と雌とが一つずつの目と翼をもち雌雄一体となって飛ぶ鳥で、連理は二本の枝が結合して、木目までピッタリ合っていること。

話し手
上司（男性）

媒酌人の挨拶②

▼遠距離恋愛を成就した新郎新婦の幸せを祈る▲

4分

本日は、ご多忙中にもかかわらず、このように大勢の皆様のご出席をいただきまして、まことにありがとうございます。新郎新婦、ご両家一同に代わりまして、厚くお礼を申し上げます。

私は、新郎の勤務先である○○電機の永井彰と申します。直属の上司ということで、僭越《せんえつ》ではございますが、媒酌人を務《つと》めさせていただくことになりました。よろしくお願い申し上げます。

まず先ほど、山田英樹さんと川島みゆきさんのご婚儀が、抜けるような五月晴《さつきば》れのもと、当ホテルのオープンチャペルで厳粛《げんしゅく》なうちにも爽《さわ》やかに執《と》り行われましたことを謹《つつし》んでご報告申し上げます。

さて、新郎の山田英樹さんは、福岡県のご出身で、山田敏樹、峰子ご夫妻の次男として誕生されました。平成○○年、△△大学理工学部を大変優秀な成績で卒業されたあと、二年ほどアメリカの◇◇大学に留学し、帰国後、当社に入社されました。現在、宇宙ステーション部門に属し、日夜、研究や実験に励《はげ》まれております。英樹さんは中学生のとき種子島《たねがしま》宇宙センターを見学に訪れたのがきっかけで、この道に進みたいと思ったそうです

ここがポイント

新郎新婦いずれの側の媒酌人の場合でも、よく知らない相手側の情報は事前に情報を集め、間違いのないようにしましょう。また、本来は式後も温かく見守る役割があり、その立場からの助言やお願いを述べましょう。

マナー

■新郎新婦の呼び方

最初はフルネームで、次からは新郎は「山田君（さん）」、新婦は「川島さん」「みゆきさん」でもかまいません。ただし、媒酌人が新婦関係の場合は、新郎の呼称は「山田さん」としたほうがよいでしょう。

■親族の呼び方

親しさの度合いによって「○○様」「○○さん」と使い分け、両親については両家とも「○○様」「○○ご夫妻」とします。

新郎新婦の紹介	結婚までの経緯	はなむけの言葉	結びの言葉

が、以来、夢に向かってまっしぐらに突き進んできたとのことで、当社にとりましても期待の星であります。

川島みゆきさんは、川島光雅、咲子ご夫妻の長女として、鹿児島県にお生まれになりました。平成○○年、□□大学教育学部をご卒業後、故郷に戻られて小学校の教師となられました。ご両親ともに教育者でいらっしゃったことから、幼いころからの憧《あこが》れの職業で、迷わず教師の道を選ばれました。子どもたちからはやさしい先生として慕《した》われていると伺《うかが》っております。

しかし、いったい二人のなれそめは？　と誰《だれ》しも思うところでしょう。実は、彼が種子島の宇宙センターで通信衛星打ち上げの仕事に従事しているとき、生徒を連れて見学に訪れたのがみゆきさんで、たまたま顔を合わせたのが運命の引き合わせだったそうで、彼の一目惚《ひとめぼ》れだったと聞いております。任務を終えて東京に戻ってからは、もっぱら英樹さんがロケット玉となって鹿児島に飛び、遠距離恋愛を成就《じょうじゅ》させたしだいで、ここでも一直線ぶりがよく分かります。

今、お二人は、ようやく発射台に立ったところでしょう。どの方向に飛び立っていくのか、すべてはこれからです。お二人でよく相談し、協力態勢をつくって、打ち上げ、運行していってください。

しかし、ロケットは二人だけでは打ち上げられません。地上のサポーターも必要です。皆様の末永いご支援、ご協力をお願い申し上げます。

メモ

媒酌人の心得

①媒酌人の役割は、来賓の出迎え、新郎新婦の入場、退場時の先導や付き添い、披露宴《ひろうえん》終了時の来賓の見送り等々あります。折々の役割をきちんと認識し、間違いのないようにしましょう。

②媒酌人は、新郎新婦や両家の親族と同じ主催者側の立場です。その立場を踏まえて挨拶をしましょう。

③書かれた原稿を読みながら挨拶をする媒酌人がいますが、これは新郎新婦にも列席者にも失礼にあたります。名前や生年月日、出身校などの重要項目についてはメモを用意し、確認する程度ならかまわないでしょう。

話し手
上司（男性）

主賓の挨拶①【新郎側】

▼仕事で新しい分野を切り開いた新郎を称える▲

4分

祝辞とお礼 ｜ 自己紹介 ｜ 新郎の仕事ぶりや人柄の紹介

星野辰彦君、清水美和さん、ご結婚、まことにおめでとうございます。ご両家の皆様にも、心よりお祝い申し上げます。また本日は、このようにおめでたい席にお招きいただきまして、大変光栄に存じます。

私は、ただ今ご紹介にあずかりました○○株式会社の明石と申します。先輩諸兄姉がいらっしゃいますところ、まことに僭越《せんえつ》ではございますが、新郎の星野君の上司を務《つと》めております関係で、皆様に先立ち、一言お祝いのご挨拶《あいさつ》をさせていただきます。

星野君が○○株式会社に入社しましたのは一〇年ほど前ですが、今やレストラン関係のコンサルティング部門を率いるリーダーとして大活躍しております。もともと当社はさまざまな企業のコンサルタント業務を行っておりますが、レストラン関係はその中に一部含まれているにすぎませんでした。それを一部門にまで創《つく》り上げたのが星野君だったのです。聞くところによりますと、星野君は昔から食べ歩きが大好きで、国内外を問わず、口コミ、情報誌、インターネットで興味のあるレストランを調べてはいろいろ試して楽しんでいたそうです。そのため、入社しましてからも、レストラン業務に強い関心を抱き、レストラン関係を専門にやらせてほしいと

上司の挨拶の組み立て

- **祝辞とお礼**：結婚の祝辞と、招待へのお礼を述べる。
- ＜ **自己紹介**：自己紹介をする。
- ＜ **新郎の紹介**：日ごろの仕事ぶりや人柄について紹介する。
- ＜ **結婚までの経緯**：結婚までの経緯を語る。（省略も可）
- ＜ **はなむけの言葉**：新生活への助言や励《はげ》まし、期待を述べる。
- ＜ **結びの言葉**：幸せを祈り、改めてお祝いの言葉を述べる。

！ここがポイント

主賓の挨拶は最初ですから、雰囲気《ふんいき》づくりの役割があります。あまりくだけすぎると、あとの人がやりにくいので、ある程度の格調をもって話します。また、新郎の紹介はエピソードなどを披露《ひろう》して具体的に述べると真実味が増します。

私のところへいってきたのです。その熱意に押し切られてやってもらうことにしたのですが、今ではそのとき、熱意に負けて本当によかったと思っております。

また、それは実は新婦の清水さんと知り合うきっかけにもなったのです。△△レストラン・チェーンがフュージョン料理の店を新規開店することになったとき、場所の選定から料理、インテリア、マーケティング戦略まで、すべてのコンサルティング業務を担当したのが星野君なのですが、レストラン側の店長として開店業務に携《たずさ》わったのが清水さんだったのです。清水さんも大抜擢《だいばってき》の人事で、その熱意は星野君にも勝るとも劣らないものがあったようで、二人の激しい丁々発止《ちょうちょうはっし》のやりとりは語りぐさになっております。レストランがマスコミにも取り上げられる新しいタイプの店として大成功したうえ、お二人の結婚が成就《じょうじゅ》した現在、それもいい思い出になったのではないでしょうか。

お二人には、いつかは自分たちのレストランを開きたいという夢があるようですが、ご夫婦で共通の夢がもてるというのは大変幸せなことで、フランスの作家サン・テグジュペリも「愛とは、互いに見つめ合うことではなく、二人がともに同じ方向を見つめることである」といっております。きっとすばらしいご夫婦になられ、よいご家庭を築かれることでしょう。

お二人の前途に幸《さち》多かれと心よりお祈り申し上げ、私のご挨拶とさせていただきます。本日はおめでとうございます。

ここをチェック！

特に主賓の挨拶では、名言名句やことわざなどをうまく挿入すると、挨拶にもめりはりが出ます。その場合は、意味を正しく理解して間違いなく使うようにしましょう。

マナー

前置きで断りの言葉を

主賓である自分よりも立場上あるいは年齢が上の人の挨拶があとに続く場合、一言断りの言葉を述べて敬意を払いましょう。

また、新郎新婦が立っている場合には、着席を勧めて、疲れないようにしてあげましょう。

話し手
上司（男性）

主賓の挨拶②【職場結婚】

▼職場結婚で結ばれた二人の優れた仕事ぶりを語る▲

4分

祝辞 | 自己紹介 | 新郎の人柄の紹介

喜多吾郎君、伊東紗絵さん、またご両家の皆様、この度のご良縁、まことにおめでとうございます。

ただ今、ご紹介を賜《たまわ》りました藤田繁良と申します。○○新聞社のスポーツ部デスクを務《つと》めております。新郎新婦のお二人は、ともに私のかわいい部下でございまして、本日は私にとりましても二重の喜びに溢《あふ》れた日でございます。

喜多君は△△大学芸術学部の写真学科を優秀な成績でご卒業され、当新聞社に入社されました。在学中からスポーツ写真に関心が強く、さまざまなスポーツ大会の現場に出かけては写真を撮りまくり、いくつかの写真コンクールでも入賞し、一度は大賞を獲得しております。当新聞社でも入社直後からスポーツ部に席をおきまして、何と一年も経《た》たないうちにスクープ写真を物にしたのです。誰《だれ》もがまさか引退するとは思ってもいなかった現役ばりばりのプロ野球の人気選手が、ダッグアウトの片隅で密《ひそ》かに流していた涙をとらえたもので、その日、突然の引退宣言となり、一大センセーションを巻き起こしました。翌日、引退の決意を表した、その写真が掲載されたのは当社だけだったのです。以来、喜多君は常に私どもだけでは

上司の挨拶の組み立て

- 祝辞とお礼：結婚のお祝いを述べる。
- ＜自己紹介：自己紹介をする。
- ＜新郎新婦の紹介：新郎新婦の仕事ぶりや人柄を紹介する。
- ＜結婚までの経緯：結婚までのいきさつを述べる。
- ＜はなむけの言葉：新生活へのアドバイスや期待の言葉を述べる。
- ＜結びの言葉：改めてお礼やお祝いを述べ、挨拶を結ぶ。

！ここがポイント

職場結婚の場合、上司は、新郎新婦の仕事ぶりや人柄などをよく知る立場にあるので、具体的なエピソードなどをあげて、二人の優れたところや魅力を生き生きと伝えてあげましょう。一方に偏《かたよ》らないよう配分して。

新婦の人柄の紹介	結婚までの経緯とはなむけの言葉	結びの言葉

なく、世間を驚かせ続けております。

一方、紗絵さんは、喜多君に遅れること三年後の入社で、スポーツ部に配属されました。新聞社のスポーツ部には女性は少ないのですが、紗絵さんのたっての希望でした。と申しますのも、紗絵さんは根っからのスポーツ好き。ありとあらゆるスポーツを嗜《たしな》んだそうで、特にテニスではインターハイのダブルスで優勝なさったと伺《うかが》いました。ご覧のように、小麦色の肌《はだ》で、引き締まったすらりとした体型はいかにもスポーツ万能という感じで、おまけに明るい性格で、社内の盛り上げ役的存在です。本人は仕事が面白いと東奔西走、取材に駆け回っております。スポーツ好きなだけに、何を取材しても的確な記事を書きますので、社内の信頼も厚く、評価の高い記者でございます。

★ ①そんなお二人がいつの間にやら、と思われることでしょうが、私は実はデスクという立場上、何となく気づいておりました。喜多君が紗絵さんの取材に「あ、僕、今、空《あ》いてますから行きますよ」と、実にさりげなくカメラマン志願をすることが重なりました。紗絵さんも何となくうれしそうで、仕事上の息もピッタリのようでした。以来、二人のコンビがしだいに定着し、私生活でもコンビを組むことになったわけでございます。

②人生はクロスカントリーのようなものです。山あり谷ありですが、どうか、お二人で励《はげ》まし合って、息の長い人生を歩んでいってください。

本日は、まことにおめでとうございます。

ここをチェック！

①近くで見守ってきた人にしか分からないエピソードで、二人の関係や人柄がほのぼのと伝わってくるようなことを取り上げると喜んでもらえます。

②新郎新婦の仕事や趣味に関連づけて、新生活を激励《げきれい》すると、気の利いた挨拶になります。

★バリエーション

お二人のご結婚はまことに喜ばしく、心からお祝い申し上げますが、一つ心配なことがありました。それは由美さんが結婚を機に退職するのではないかということでした。しかし、由美さんが「この仕事は大好きなので、部長が辞めてくれといっても絶対に辞めません」といってくれたので、心底ホッとしています。これからも二人でいい写真を撮り、いい記事を書いてください。

話し手
上司（男性）

来賓の挨拶①【新郎側】

▼仕事にも恋愛にも一途だった新郎を称える▲

4分

祝辞と自己紹介

①重森卓哉君、香山はるかさん、本日はおめでとうございます。

こうして、ご披露宴《ひろうえん》にお招きいただいたばかりか、お祝いを申し述べる栄誉までお与えいただき、まことに恐縮に存じます。

ただ今ご紹介にあずかりました○○銀行の佐田と申します。

新郎の仕事ぶりや人柄の紹介

重森君は六年ほど前、大変優秀な成績を修め、当行に入行されました。在学中にすでに会計士補の資格を取得しておりまして、私ども横浜支店の融資部に配属されました。融資部は分析力、判断力が求められるむずかしい部署ですが、重森君は入行後もずっと順調に仕事をこなし、お客様の評判も上々で、飛躍を楽しみにしておりました。そんなとき、重森君が担当しているお客様から、担当を替えてほしいという要望が出されたのです。私もびっくりしましたし、私以上に本人がびっくりしたようで、一生懸命《けんめい》やっていたので、理由は分からない、というのです。お客様に根ほり葉ほり伺《うかが》うのも失礼なので、肌《はだ》が合わなかったのだろうと担当を下りてもらいました。ところが、それからしばらくして「ご意見を伺いたいのですが」と、重森君が報告書をもって私のところにやってまいりました。そこには今回の件についての冷静で客観的な分析がなされており、自己分析や反省、

上司の挨拶の組み立て

祝辞とお礼
祝辞と、招待へのお礼を述べる。

＜

自己紹介
自己紹介をし、新郎との関係を説明する。

＜

新郎の紹介
新郎の仕事ぶりや人柄について述べる。

＜

結婚までの経緯
結婚までのいきさつを簡単に述べる。

＜

はなむけの言葉
新生活へのはなむけの言葉を述べる。

＜

結びの言葉
改めてお祝いを述べる。

ここがポイント

日ごろの付き合いが深い上司ならではの新郎のエピソードを披露しましょう。

新婦については新郎から直接聞いている情報にとどめ、又聞《またぎ》きの話は控《ひか》えます。

結婚までの経緯は媒酌人の紹介と重ならないようにし、場合により略してもいいでしょう。

結び　はなむけの言葉　結婚までの経緯

今後への対応が示されていました。失敗をうやむやにせず、そこから必死に学ぼうとしたのです。私はそれを見て、重森君が将来大物になるだろうと確信いたしました。思ったとおり、それ以後の成長はすばらしいものがありました。先のお客様にも再挑戦の機会を与えていただき、今ではいちばんのお得意様になっています。

　こうお話ししますと、重森君は秀才タイプで仕事一筋の男と思われるかもしれませんが、決してそうではありません。ご覧のような美丈夫で、昔、野球少年、今、当行野球部のスラッガー、バイオリンは一時はプロを目指そうかと思ったほどの腕前と、多才多芸の持ち主なのです。

②そんな重森君のお相手はどんな方かと思っておりましたら、幼いころからのバイオリンのお稽古《けいこ》仲間で、音楽学校をお出になって現在、室内楽のアンサンブル活動をなさっている音楽家と伺いました。お美しく、才能豊かな方で、お二人がこうして並んでいる姿を拝見しますと、すばらしいアンサンブル効果を発揮《はっき》なさっているように見えます。

　お二人は長いお付き合いの末に結ばれたわけで、お互いに一途《いちず》な思いなくしては、この日を迎《むか》えることはできなかったでしょう。しかし、これから先、これまで以上に長い年月をともに歩んでいくことになります。いろいろなことが起こるでしょう。そんなとき、愛を育《はぐく》んだ一途な思いと、仕事で失敗を成功に導いた前向きの考え方で乗り切ってください。

　新郎新婦、ご両家の皆様に改めてお祝い申し上げます。

ここをチェック！

①入籍前の姓名で呼びかけるのが普通。親しい場合は、姓を省略し、「○○君」「○○さん」でもかまいません。

②新郎側の来賓の場合、新婦については新婦側が詳しく述べるので、軽く触れるだけにとどめます。

メモ

披露宴にふさわしくない慣用句

八方美人…誰《だれ》にでも如才《じょさい》なく振る舞う人、要領のいい人を非難めかしていう言葉。

口八丁、手八丁…しゃべることもやることも達者な人のこと。あまりいい意味では使わない。

割れ鍋《なべ》にとじ蓋《ぶた》…壊れた鍋にもそれに合った蓋があるという意味で、どんな人にもそれなりにふさわしい結婚相手がいるものだということをいうが、褒《ほ》め言葉としては使わない。

話し手
取引先社長（男性）

来賓の挨拶②【新郎側】

▼仕事を通して、新郎に寄せる厚い信頼を語る▲

4分

祝辞

高梨亮介さん、久美さん、本日はご結婚おめでとうございます。新郎新婦ならびにご両家の皆様のお喜びもいかばかりかと存じ、心よりお祝い申し上げます。

自己紹介

ご指名いただきましたので、大変僭越《せんえつ》ではございますが、一言お祝いのご挨拶《あいさつ》を申し上げます。

私は、新郎の高梨さんがお勤めになっている○○電機とお取引いただいている、△△社の手島と申します。○○電機には当社のシステムのプログラミングを一手にお願いしておりますが、七年前から当社の営業担当になられたのが高梨さんでした。

★当時、高梨さんは大学を卒業なさって入社したばかりでしたが、最初にお目にかかったとき、これは、と強く印象づけられたのを覚えております。それは、要を得て無駄のない話し方をなさったことです。普通、新入社員というのは、一生懸命《けんめい》話をするのですが、回りくどかったり、あちこち話が飛んだり、中身が乏しかったりすることがままありますけれども、高梨さんには全くそういうところがありませんでした。かといって、堅苦しいわけではなく、ユーモアを交え、笑いをとる余裕さえありました。しかし、

ここがポイント

取引先の立場からは、仕事を通して見知った新郎の仕事ぶりや人柄を語りましょう。特に、初対面の印象などをエピソードを交えて述べるとよいでしょう。また、新婦とも接点があれば、一言触れるとよいでしょう。

いずれにしても取引先の代表であることを忘れずに、挨拶を組み立てましょう。

取引関係者の挨拶の組み立て

祝辞	新郎新婦、両家への祝辞を述べる。
自己紹介	自己紹介をし、新郎との関係を説明する。
新郎の紹介	新郎の仕事ぶりや人柄を述べる。
はなむけの言葉	将来へのはなむけの言葉を述べる。
結びの言葉	招待へのお礼や再度の祝辞で挨拶を結ぶ。

新郎の仕事ぶりや人柄を紹介 | はなむけの言葉 | 結びの言葉

そうなるにはかなり仕事に精通していることが必要で、そのためには相当勉強なさっているはずです。ですから、この新人はただ者ではないぞ、と思ったしだいです。当社の担当者たちも、しだいに高梨さん、高梨さんというようになり、高梨さんにお願いする仕事がどんどん増えていきました。以来、私どもが高梨さんに寄せる信頼には絶大なものがあり、今や当社になくてはならない存在になっていらっしゃいます。

　そんな高梨さんと私にはもうひとつ、接点がございます。私はオペラの大ファンで、海外のオペラ公演には家内と連れだって出かけるのを常としておりましたが、そこでしばしばお会いしたのが高梨さんだったのです。いつも上品な美しいレディーとご一緒で、幕間《まくあい》にはお話もさせていただきました。控《ひか》えめな中にも、ご自分の感想などはきちんとお話しになる方で、それを傍《かたわ》らで高梨さんがうれしそうにお聞きになっているご様子はまことに微笑《ほほえ》ましいものでした。そのレディーが久美さんでいらっしゃることは申すまでもございません。

　フランスの作家ビクトル・ユゴーに「愛することは信ずることの片半分だ」という言葉がありますが、結婚生活というのは、愛情はもちろんですが、お互いの信頼関係が非常に大切です。

　どうぞ、これからも深い愛情と強い信頼関係を慈《いつく》しみ育て、幸せな家庭を築いてください。

　本日はご招待いただきありがとうございました。

★バリエーション

■逆説的に褒《ほ》める

　営業職といいますと、トークが得意だったり、社交に長《た》けていたり、アグレッシブだったりという、ある種のタイプがありますが、青山さんは、そういったいわゆる営業職というタイプではありませんでした。どちらかというと、物静かな学者タイプで、当社に出入りする営業の方の中では異彩《いさい》を放っていらっしゃいました。

　最初は、だいじょうぶかと不安に思ったのですが、私のとんでもない勘違《かんちが》いでした。商品に対する深く確かな知識と落ち着いた説得力ある交渉力によって、いつの間にか商談成立となってしまうのです。今では、青山さんのことを営業の中の営業と思うようになったしだいです。

話し手
上司（女性）

来賓の挨拶③【新婦側】

▼共通の仕事に情熱を燃やす新郎新婦を励ます▲

4分

祝辞 ｜ 自己紹介 ｜ 新婦の仕事ぶりと人柄を紹介

本日は、このようにおめでたい席にお招きいただきまして、大変光栄に存じます。

北代洋一さん、河原早苗さん、ご結婚おめでとうございます。

今日のよき日をお祝いいたしまして、一言、ご挨拶《あいさつ》を申し述べさせていただきます。私は、新婦の勤務する○○映画宣伝部の山路と申します。

○○映画は外国映画の配給会社で、早苗さんには、買い付けた映画をどのようにして皆さんに知っていただき、観《み》ていただくかという宣伝全般に関する仕事をしていただいています。①このような映画の配給会社というのは、私ども大手でも採用が極《きわ》めて少なく、それに比べて志望者の大変多い職場でございます。特に、若い方々のあいだでは、来日するスターに会える華《はな》やかな職場ではないかと考える人が多いようですが、現場は大変ハードで、安易な気持ちではとても務《つと》まりません。

先ほどもご紹介がありましたように、早苗さんは、△△大学芸術学部の映画学科で映画制作を学ばれました。当社の採用募集に応じて入社試験を受けられたのですが、筆記試験での論文はそのまま映画雑誌に掲載できるほどすばらしく、面接でも浮《うわ》ついたところが全くなく、映画に対する純粋

上司の挨拶の組み立て

- **祝辞**　結婚のお祝い、招待へのお礼を述べる。
- **自己紹介**　自己紹介をし、新婦との関係を説明する。
- **新婦の紹介**　新婦の仕事ぶりや人柄を述べる。
- **結婚までの経緯**　新婦側からの結婚までのいきさつを述べる。
- **はなむけの言葉**　新郎新婦へのはなむけの言葉を述べる。
- **結びの言葉**　改めてお礼やお祝いを述べ、幸せを祈る。

ここがポイント

職場の上司なら、きちんと仕事ぶりを評価する挨拶をしましょう。

また、本人の魅力も忘れずに伝えてあげるようにしましょう。

結婚までの経緯　はなむけの言葉　結び

で並々ならぬ思いが伝わってまいりまして、私どもも思わず感動してしまったほどです。その結果、応募者約千人の中からただ一人採用されたしだいです。入社後は、瞬《また》く間に仕事を覚えてしまい、テレビや雑誌への広告やパンフレットの作成、来日スターに同行してのプロモーション活動と大活躍しております。ご覧のように童顔《どうがん》でとても初々《ういうい》しいのですが、心身ともにとてもタフです。

そんな早苗さんに変化が表れたのが◇◇映画祭のためアメリカに出張してからのことでした。ご存じかと思いますが、◇◇映画祭は、新しい才能を見いだし、育てるための映画祭で、そのとき、ドキュメンタリー映画部門で賞を獲得したのが本日の新郎の北代さんだったのです。早苗さんは北代さんの作品にいたく感動し、そこからお付き合いが始まったというのはあとから聞いたことです。当時は、「最近、料理本ばかり買うけど花嫁修業？」とからかっても婉然《えんぜん》と微笑《ほほえ》むばかりでしたから。

早苗さんは、以前からいつかは映画を作りたいという気持ちをもっていたようで、密《ひそ》かに脚本にも手を染めていたと聞いております。②今、お二人が固く結びついたことで、新しい家庭が誕生するとともに、新しい才能も花開くのではないかと期待しております。いつか、お二人が作った映画を私どもが配給して宣伝する、そんなことができればいいなあ、と勝手に夢見ております。

お二人の幸せを心からお祈り申し上げます。

ここをチェック！

①職場の厳しさを説明すると、優秀さを間接的に表現できます。

②結婚による仕事のステップ・アップへの期待を述べると、上司らしい挨拶になります。

ヒント

いいかえる言葉

- おしゃべり…話し上手
- せっかち…てきぱきとしている
- 理屈っぽい…論理的
- 短気…決断が早い
- 頑固…信念がある
- 身勝手…自分の主張を貫く
- 不器用…まじめ
- 口下手…慎重
- 口が軽い…社交的
- 口が悪い…雄弁、能弁
- 神経質…きちょうめん
- 目だたない…謙虚な人柄
- 仕事がルーズ…おおらか
- 仕事が遅い…じっくり取り組む

話し手
先輩（男性）

来賓の挨拶④

【国際結婚・新郎側】

▼仕事にも恋愛にもアグレッシブな後輩を応援する▲

4分

祝辞 | **自己紹介** | **新郎の仕事ぶりと人柄を紹介**

　織田君、ジェーンさん、ご結婚おめでとうございます。

　私は、○○興業海外事業部の三波と申します。織田君の五年先輩にあたり、公私にわたり、親しく付き合っております。

　織田君は入社当時からいろいろな意味で目だつ存在でした。まず、ラグビーで鍛《きた》えたという、欧米人にもひけをとらない筋骨たくましい外観は、うっかりぶつかろうものなら弾《はじ》き飛ばされそうで、すれ違うときは皆思わず脇《わき》に寄ってしまいます。当時からあたりを払う風格があったわけです。

　私は、よく織田君と一緒に仕事をしましたが、会社訪問では、最初、織田君が先輩と勘違《かんちが》いされることが多く、名刺を交換して初めて分かるというしだいで、思わず「お前なあ、もう少し小さくなれないのか」といったこともあります。そんな理不尽《りふじん》な要求にも、織田君は「先輩、すんません」と肩を縮めるところが何ともかわいいやつなのです。

　織田君は、また仕事に関しても目だつ存在です。大きなからだに似合わず、仕事は緻密《ちみつ》で、間違いがありません。それに仕事の見通しに優れていて、「相手はきっとこうきますから、こういくといいんじゃないですか」ということがよくあり、それがまたよくあたるのです。聞けば、囲碁《いご》が得意

先輩の挨拶の組み立て

祝辞
結婚への祝辞を述べる。

＜ **自己紹介**
自己紹介をし、新郎との関係を説明する。

＜ **新郎の紹介**
新郎の人柄を中心に紹介する。

＜ **結婚までの経緯**
知っている範囲でいきさつを語る。省略も可。

＜ **はなむけの言葉**
新生活への期待や応援を述べる。

＜ **結びの言葉**
改めてお祝いやお礼を述べる。

ここがポイント

先輩風を吹かすような挨拶や、逆にあまり持ち上げすぎる挨拶は聞き苦しいものです。気取らない、率直な挨拶を心がけます。

ここをチェック！

仕事の現場で触れたエピソードを通して、新郎の人柄が伝わります。

結びの言葉	はなむけの言葉	結婚までの経緯	

で、「こうきたらこういく」と考える習慣が身についてしまったとのことですが、それを実際の仕事に応用できるなんて、いやはや恐れ入ってしまいます。実は私も囲碁が趣味なのですが。

★そんな織田君が私のあとを継いで、オーストラリア支社勤務となったのは一年前のことで、そのアグレッシブな仕事ぶりは前々から伝え聞いており、またオーストラリア出張の折りにはつぶさに目《ま》の当たりにし、やるなあと思っておりました。そんな出張の折りの休日のこと、織田君に「先輩、乗馬をやってみませんか」と誘われたのです。それもいきなり一泊二日のトレッキングだというではありませんか。「だいじょうぶですよ。インストラクターが最高ですから」という織田君の言葉に勇気づけられて出かけました。その最高のインストラクターというのが、今ここにいらっしゃるジェーンさんで、最高なのはインストラクターとしてだけではなかったというしだいです。無理もありません。ご覧のように、爽《さわ》やかな美人で、フレンドリーな人柄がとても魅力的な方ですから。

織田君もしばらくはオーストラリア勤務が続くと聞いておりますが、こうしてすばらしい奥様を得たことで、二つの国の架《か》け橋《はし》となって、公私ともいっそう活躍をしてくれるのではないでしょうか。皆で大いに期待しております。

それでは、改めてお二人の末永い幸せを願いまして、私のお祝いの言葉とさせていただきます。本日は、本当におめでとうございます。

★バリエーション

そんな菊池君に対して、ちょっといばれるのは、先に結婚をしていることでしょうか。私の場合、独身時代には家というのは寝るための場所でしかありませんでしたが、結婚した今は、温かいところ、くつろぐところ、楽しいところなどなど、いろいろな意味をもつところとなりました。イギリスのことわざに「結婚は、悲しみを半分に、喜びを二倍にしてくれる」というのがありますが、そのとおりです。

菊池君の場合は国際結婚とあってはなおさらのこと、喜びや楽しみは普通の結婚よりもずっと多彩《たさい》で大きいのではないかと思います。どうぞ、結婚生活の楽しみや喜びをたくさん見つけてください。そして、二人でのろけ合おうではありませんか。

話し手
同僚（男性）

来賓の挨拶⑤【新郎側】

▼仲間の激励で結ばれた結婚のいきさつを語る▲

2分

祝辞	自己紹介	新郎の仕事ぶりと人柄	結婚までの経緯	結びの言葉

芳賀君、芙美さん、本日はご結婚おめでとうございます。

私は、芳賀君と同期で、セクションも同じ設計部の笹本です。性格も趣味も違いますが、どういうわけか気が合い、親しく付き合っています。

芳賀君は、ご覧のように人もうらやむほどの二枚目で、性格もさっぱりとした気持ちのいい男のうえ、仕事でも斬新《ざんしん》な住宅設計がクライアントに評判の同期のホープです。ところが、信じられないことに、女性に対しては押しの弱いところがあり、この度も私どもをやきもきさせました。男兄弟で育ち、男子校で学んできたせいだと、本人はいうのですが。

実は、私ども若手の建築家同士、会社を超えて、「未来の住宅を考える会」を結成しており、芙美さんもその一員でした。自由闊達《かったつ》で知的美人の芙美さんに一目惚《ひとめぼ》れしたのが芳賀君なのですが、なかなかアタックできません。ぐずぐずしていると、ほかの人にとられちゃうぞ、と皆で援護射撃《えんごしゃげき》をして、やっと本日にこぎ着けたしだいです。

お二人とも将来有望な建築家同士で、前途は洋々としています。お互いに協力し合って、すばらしい未来の設計図を描いてください。

同僚の挨拶の組み立て

祝辞 結婚のお祝いを述べる。
＜
自己紹介 自己紹介をし、新郎との関係を述べる。
＜
新郎の紹介 新郎の仕事ぶりや人柄を紹介する。
＜
結婚までの経緯 結婚までのいきさつを述べる。省略も可。
＜
結びの言葉 将来への期待の言葉を述べ、挨拶を結ぶ。

ここがポイント

会社の同僚というのは、最も近しい仲間であり、ライバルでもあります。親しい関係ならではのエピソードを紹介し、切磋琢磨《せつさたくま》する関係ならではのエールを贈りましょう。

快活で、親しみを込めた話し方を心がけますが、あまり調子に乗りすぎて口が滑《すべ》らないように気をつけましょう。

話し手
同僚（女性）

来賓の挨拶⑥［新婦側］

▼患者さんに人気の新婦の人柄を称える▲

2分

祝辞	自己紹介	人柄の紹介	結婚までの経緯	結びの言葉

梅原健太郎さん、藍さん、ご結婚おめでとうございます。

私は、○○病院の内科で、新婦の藍さんと一緒に看護師をしております和辻と申します。白衣の似合う藍さん、白無垢《しろむく》姿が一段と素敵です。

藍さんは白衣の天使という言葉がピッタリのやさしく有能な看護師さんで、特にお年寄りの患者さんのあいだではいちばん人気があります。私たちが何かおっしゃりたいんだな、と思っているそばから、藍さんはいち早くお年寄りの意を汲《く》んでさっと対処して差し上げるのです。「どうして分かったの？」と聞きますと、「私、おばあちゃん子だったから」というのですが、それはお年寄りだけのことではないので、いかに藍さんが患者さんの立場になって考えているかの何よりの証拠でしょう。

そんな藍さんに、おばあさまのお見舞いに通っていらした梅原さんが惹《ひ》かれたのもよく分かる気がします。退院なさったあともおばあさまも含めてお付き合いが続き、今日の晴れの日を迎《むか》えたと伺《うかが》っております。

藍さんをお嫁さんになさった梅原さんはとても幸せな方だと思います。どうぞ、梅原さんも藍さんを幸せにしてあげてください。

ここがポイント

若い同僚の場合、あまり友達口調や仲間うちだけの話にならないようにしましょう。

また、微笑《ほほえ》ましい細やかな視点でのエピソードを取り上げると喜ばれます。

タブー

避けたいエピソード

①本人を傷つけるような失敗談。
②恋愛中の二人の深刻な喧嘩《けんか》。
③お互いの過去の恋人のこと。
④肉体的な欠点や妙な癖。
⑤性的な話題。
⑥社会のルールに反する体験談。
⑦死や葬儀に関する話題。

話し手
後輩（男性）

来賓の挨拶⑦【新郎側】

▼部下に慕われる店長の人間性を称える▲

2分

祝辞	自己紹介	新郎の仕事ぶりと人柄	結びの言葉

山下店長、佐和さん、本日はご結婚おめでとうございます。

私は、山下店長のもとで、厨房《ちゅうぼう》で働いております三橋と申します。

レストランといいますと、皆様にとっては優雅にお食事をなさるところだと思いますが、一歩裏に回れば戦場のようです。従業員は駆け回り、怒《ど》声《せい》や罵声《ばせい》が飛び交《か》います。肉体的にも精神的にもきつく、従業員の定着率も高くありません。ところが、数あるチェーン店の中でも、山下店長の店は従業員の入れ替わりが少ないことで評判です。なぜなら、店長に人望があるからです。叱《しか》ってもあとで必ずフォローをして励《はげ》ましてくれますし、従業員の悩みにも耳を傾けてくれます。私自身、相談に乗ってもらったことも一度や二度ではありません。ですから、山下店長の店は表だけではなく、裏の雰囲気《ふんいき》もとてもよいのです。佐和さんはアルバイトとして当店で働いていらっしゃいましたので、そんな店長の人間性に惹《ひ》かれたのではないでしょうか。

店長、どうぞ幸せな家庭を築いてください。そして、その幸せのお裾分《すそわ》けで、店をいっそう明るくしてくださいますようお願いいたします。

ここがポイント

先輩から挨拶を頼まれるというのは、日ごろから付き合いが深く、信頼を受けている証拠でしょう。その信頼を裏切らないよう、後輩から見た先輩の仕事ぶりや人柄などで、尊敬するところを取り上げて述べるとよいでしょう。

後輩の挨拶の組み立て

- **祝辞** 結婚のお祝いを述べる。
- ＜ **自己紹介** 自己紹介し、新郎との関係を説明する。
- ＜ **新郎の紹介** 新郎の仕事ぶりや人柄を紹介する。
- ＜ **結びの言葉** 新生活への期待や、改めてお祝いやお礼を述べる。

話し手
後輩（女性）

来賓の挨拶⑧［新婦側］

▼頼りになる先輩の結婚を祝福する▲

2分

祝辞	自己紹介	新婦の仕事ぶりと人柄の紹介	結びの言葉

摩耶先輩、ご結婚おめでとうございます。

私は、○○航空で客室乗務員を務《つと》めております山城多恵と申します。三年ほど後輩にあたりますが、日ごろからお世話になりっぱなしです。

①摩耶先輩は、美人でスタイルがよくて仕事もできてやさしくて、あっ、もうやめておきます。きりがないし、嘘《うそ》っぽく聞こえてしまいますから。でも本当なんです。私たち、摩耶先輩と同じフライトになると、大喜びしたものです。というのも、私たち後輩のあいだでは「困ったときの摩耶さま頼み」というキャッチフレーズがありまして、私たちの手に余る問題も摩耶先輩にかかると、いともあっさりと解決してしまうのです。

ですから、②摩耶先輩がご結婚なさると伺《うかが》ったときは、大切な人をとられてしまうような気がしたのですが、海部さんをご紹介していただいて、そんなけちな気持ちは吹き飛んでしまいました。なぜなら、摩耶先輩にふさわしいすばらしい方でしたから。今では、お二人の幸せを心からお祈りしております。

摩耶先輩、改めておめでとうございます。

ここがポイント

後輩として、新婦の敬愛しているところを素直に、親しみを込めて話しましょう。

ここをチェック！

①後輩からの大賛辞は、嫌味には聞こえず、かえって微笑《ほほえ》ましいものです。

②結婚相手を紹介してもらっているときは、相手のすばらしさも一言触れるようにしてください。

タブー

結婚式で避けたい忌み言葉

①**離婚や不吉な印象を与える言葉**…終わる。切る。去る。離れる。返す。別れる。壊れる。

②**再婚を連想させる繰り返し言葉**…くれぐれも。たびたび。ますます。たまたま。かえすがえす。かさねがさね。

話し手
葬儀委員長（男性）

社葬での挨拶［社長の葬儀］

▼能力、人格ともに優れていた社長を称える▲

4分

故人の業績と人柄 | 他界の経緯 | 自己紹介 | 謝辞

★本日は、ご多忙のところ、○○株式会社代表取締役、故速水龍太郎の社葬ならびに告別式にご会葬賜《たまわ》り、まことにありがとうございます。

私は、葬儀委員長を務《つと》めさせていただきます、相談役の常磐仁志と申します。遺族ならびに社を代表いたしまして、厚くお礼申し上げます。

社長は、半年前、突然、会社で倒れまして、△△病院にて療養中でしたが、その甲斐《かい》もなく、今月二九日午前四時二五分、永眠いたしました。享年六八。まだまだこれからという年齢でしたので、家族および当社にとりまして、なかなか受け入れがたい出来事でございました。本人もさぞ無念だったろうと存じます。

社長は、◇◇大学工学部を卒業後、当社に入社し、技術部に所属しました。当時は、まだOA機器の黎明期《れいめいき》で、コピー機を中心に多くの事務機器の開発に取り組み始めた時期でございました。技術部の一員として開発に携《たずさ》わりましたが、すぐに頭角を現しました。社長が開発した機器は技術面だけではなく、経営戦略的な視点をもっていたのです。とかく技術者というのは、技術面のみにこだわり、経営戦略と相容《あいい》れないこともあるのです

社葬の挨拶の組み立て

謝辞　会葬へのお礼を述べる。

＜ **自己紹介**　自己紹介をし、故人との関係を説明する。

＜ **他界の経緯**　亡くなった経緯を簡単に説明する。

＜ **業績と人柄**　故人の業績や人柄について紹介する。

＜ **哀悼の言葉**　故人に哀悼《あいとう》の言葉を捧《ささ》げる。

＜ **結びの言葉**　今後の協力や支援を呼びかける。

ここがポイント

葬儀委員長は、社葬なら会社、個人葬なら遺族を代表する立場です。参列者に対して、弔問《ちょうもん》のお礼を述べることを忘れないようにしましょう。

また、社葬の場合は、公的なものなので、あまり私的にすぎる話題は避け、企業人としての業績や人柄を中心に偲《しの》ぶほうが無難《ぶなん》でしょう。

結びの言葉：哀悼の言葉

が、社長の場合は、違っていました。そんな社長が早くから、将来の幹部候補と目《もく》されたことは当然の成り行きで、社内留学制度の資格試験に受かり、アメリカの大学でＭＢＡも取得いたしました。その後も順調にキャリアを積み重ね、技術畑出身初の社長に就任いたしましたのが五年前のことでございました。

社長就任後の活躍にもめざましいものがあり、常に他社に先駆《さきが》け、消費者のニーズに基づいた技術開発に取り組むとともに、製品のリサイクル問題、省エネや温暖化の防止、環境保護などでも、時代の先陣を切る活動をしておりました。速水社長は、技術開発に携わる企業として、社会的責任、人類への貢献《こうけん》を常に考えていまして、経営者としても優れていたことはもちろん、人間としても大変立派な人でした。特に、地球の環境問題に関するさまざまなプロジェクトの設立によって、緑綬褒章《りょくじゅほうしょう》を受章したことは記憶に新しいところでございます。

これからも業界をリードする活躍が期待できましただけに、言葉に言い表せないほど残念なことでございます。しかし、ここで悲しみに打ちひしがれているわけにはまいりません。社員全員で速水社長の遺志を引き継ぎ社業の発展に尽《つ》くすことこそ、報《むく》いることだと存じます。

皆様におかれましても、これからも変わらぬご協力、ご支援を賜りますよう、お願い申し上げます。

本日は、まことにありがとうございました。

★バリエーション

本日は、ご多忙中にもかかわらず、○○株式会社会長、故沢木徹の葬儀にご弔問をいただきまして、厚くお礼申し上げます。すでに親族の皆様で密葬をすまされ、本日の社葬を迎《むか》えましたことをご報告申し上げます。

沢木会長は、かねてより闘病中のところ、今月七日、七三歳の生涯を終えました。天寿《てんじゅ》を全《まっと》うするにはまだ間のある年齢でございまして、会社といたしましても会長の力を大変必要としておりましたので、まことに残念でなりません。

♡マナー

葬儀委員長にふさわしい人

社葬で、故人が社長の場合、葬儀委員長は、会社の会長や相談役、次期社長予定の重役などの役員、付き合いの深い他社の社長、同業組合代表など、適切な地位の人にお願いします。

話し手
会社代表（男性）

社葬での弔辞 ［殉職社員の葬儀］

▼才能溢れた社員の不慮の死を悼む▲

4分

始めの言葉

株式会社○○を代表いたしまして、故青山望君の御霊前に、心より哀悼《あいとう》の意を捧《ささ》げ、お別れの言葉を述べさせていただきます。

青山君の突然の訃報《ふほう》に、その場におりました社員全員、言葉もなく立ち尽《つ》くしていたのが今もまざまざと目に浮かびます。享年三七。才能に溢《あふ》れ、人柄のよさでも皆に愛されていた青山君とこんなに早く別れがくるなんて、神様は何て残酷なことをするのだろうと、誰《だれ》もが思ったことでした。

他界の経緯

青山君は、自身が設計した美術館の建設現場で仕事中、不慮《ふりょ》の事故に巻き込まれ、病院に運ばれましたが、逝去《せいきょ》が確認されました。二度とこのようなことが起こらないよう、現在、調査中でございます。

故人の業績と人柄

青山君は、△△大学工学部建築学科を卒業後、当社に入社されました。大学では世界で活躍している建築家の薫陶《くんとう》を受け、その当時から将来を嘱《しょく》望《ぼう》されていたようです。当社に入社後も、新人とは思えない活躍ぶりで、次々と斬新《ざんしん》な設計を物し、そのうちのいくつかは建築雑誌にも取り上げられ、話題となりました。なかでも◇◇建築賞を受賞した三世帯用の住宅は、受賞対象こそ当社となっておりますが、実質は青山君が設計したもので、斜面をうまく利用した立体的でダイナミックな住居は、三世帯の住み分け

社葬の弔辞の組み立て

始めの言葉 ＜ 他界の経緯 ＜ 業績と人柄 ＜ 哀悼の言葉 ＜ 結びの言葉

- **始めの言葉**：別れの言葉を述べ、訃報への哀悼の意を表す。
- **他界の経緯**：亡くなった経緯を簡単に説明する。
- **業績と人柄**：故人の仕事上の業績や人柄を偲《しの》ぶ。
- **哀悼の言葉**：故人への哀惜《あいせき》の念や感謝の気持ちを述べる。
- **結びの言葉**：故人へ呼びかけ、別れの言葉を述べる。

ここがポイント

弔辞は故人に捧げるもので、告別式で霊前に読み上げる永遠の別れの挨拶です。とかく美辞《びじ》麗句《れいく》を並べすぎてしまいがちですが、空疎《くうそ》にならず、心のこもった挨拶を心がけましょう。

殉職《じゅんしょく》の場合の社葬では、殉職の経緯をくどくど説明するのは避け、さらりと述べるにとどめます。生前の業績を称《たた》え、人柄を偲ぶことにポイントをおいて挨拶を構成するようにします。

哀悼の言葉

と共存が大変うまくアレンジされたすばらしい作品でした。今回の美術館は、青山君の設計がコンペで選ばれたもので、これまでの集大成ともいうべき作品でした。青山君が尊敬するイタリアの建築家パッラーディオが用いたアーチと柱のモチーフを未来空間的にデザインした美術館はまことにすばらしいもので、これも何らかの賞をとるのではないかと注目されております。

青山君が、また妻思いで子煩悩《こぼんのう》な、よき家庭人だったことはよく存じております。奥様やお子様の写真を何度見せられたことでしょう。

①そのような青山君の逝去は、株式会社○○にとりましては、将来、会社を背負って立ったであろう有望な社員を、また、ご家族にとりましては敬愛してやまない、そして頼もしい大黒柱《だいこくばしら》を喪《うしな》ったことになり、その喪失《そうしつ》感《かん》ははかり知れないものがございます。青山君が去ったあとを埋められる人は誰もいないでしょう。最後に残された美術館の仕事は、その設計に基づいて私どもが間違いなく完成させますことを、御霊前に誓うものでございます。②美術館完成の暁《あかつき》には、必ずや多くの人が訪れ、展示される美術品に負けず劣らず、賛美の的《まと》となることでしょう。そして、青山君の代わりに生き続けることでしょう。

結びの言葉

悲しみは尽きませんが、青山君、どうか、安心して旅立ってください。そして、天の彼方《かなた》から私たち皆をお見守りください。

青山君のご冥福《めいふく》を心より、お祈り申し上げます。

ここをチェック！

①故人が会社にとっても家庭にあってもかけがえのない存在だったことを述べましょう。

②故人が残した仕事の成果を称えると、故人を偲ぶよすがとなります。

メモ

弔辞の書き方

弔辞は、奉書紙か巻紙に薄墨《うすずみ》で、できれば毛筆、あるいはペンで別れの言葉をしたため、外包紙に包み、「弔辞」の文字と姓名を表書きします。巻紙には、右に九センチ、上下に三センチほどの余白をとり、書体は楷書《かいしょ》か楷書に近い行書《ぎょうしょ》でしたためます。最後に、年月日と姓名を記し、左から九センチ幅で折って巻き込みます。

告別式で読み上げられ、故人の霊前に捧げられた弔辞は、遺族のもとに保管されます。

話し手
上司（男性）

一般葬での弔辞①［部下の葬儀］

▼希望と未来の象徴だった故人を惜しむ▲

4分

始めの言葉	他界の経緯	故人の業績と人柄

　本日、門脇亮次さんのご葬儀に臨みまして、謹《つつし》んでその御霊前に追悼《ついとう》の辞を申し上げます。

　①門脇さん、こんなにも早く、お別れの言葉を述べることになろうとは夢想だにしておりませんでした。昨年来、病を得られて療養中とは申せ、必ずやお元気になられて、また一緒に仕事ができるものと信じてやみませんでした。何度か、見舞いに伺《うかが》った折りも、いつも明るく前向きな希望を語り、どちらが励《はげ》まされているのか分からないほどでした。ですから、訃《ふ》報《ほう》に接しましたときは、なぜ、どうしてと、なかなか受け入れることができませんでした。これは、営業部の同僚はじめほかの社員、取引先の皆様も同じだったようで、茫然自失《ぼうぜんじしつ》の状態でした。

　門脇さん、私は今、あなたが営業部に配属されてきたときのことを鮮《あざ》やかに思い起こしております。そのときの第一印象は、何て溌剌《はつらつ》とした清々《すがすが》しい若者だろうということでした。これなら、お客様も好印象をおもちになるだろうな、と思いましたとおり、お客様も異口同音《いくどうおん》に「いやあ、いい若者ですね」おっしゃってくださいました。しかし、いくら第一印象がよくても、それだけではあとが続きません。あなたは、仕事に関して実に研

一般葬の弔辞の組み立て

始めの言葉＜他界の経緯＜業績と人柄＜哀悼の言葉＜結びの言葉

- **始めの言葉**：故人に呼びかけ、哀惜《あいせき》の念を述べる。
- **他界の経緯**：亡くなった経緯を簡単に述べる。
- **業績と人柄**：故人の仕事の業績や人柄を偲《しの》ぶ。
- **哀悼の言葉**：哀惜の念や残された者の決意を述べる。
- **結びの言葉**：故人へ呼びかけ、冥福《めいふく》を祈る。

ここがポイント

　自分より若い部下を見送るのは辛《つら》いものですが、最後こそ故人の業績を温かく評価し、日ごろの付き合いから得た人柄のすばらしさを称《たた》え、きちんとした挨拶を心がけましょう。

　故人に語りかけるように弔辞を読み上げると、心のこもった感じになります。また、残された家族への配慮の言葉を盛り込むことを忘れずに。

結び　**哀悼の言葉**

究熱心で、どうしたら営業力を高めることができるか、常に考えていましたね。新しい商品企画案や販売戦略を提案しては、私たちの目を開かせ、お客様の心をもとらえました。

　門脇さんは享年四一。経営陣の期待は大きく、部下の信頼も厚く、営業部のみならず、会社の中でも重きをなしておりました。いずれは経営陣に加わり、会社を牽引《けんいん》していくものと、誰《だれ》もが思っていたことでしょう。しかし、それだけの年を重ね、会社の重鎮《じゅうちん》になられてからも、最初の清冽《せいれつ》な印象は失われることなく、常にともにあったような気がします。話をしていると、なぜかいつも希望とか未来というイメージが湧《わ》いてきたのです。

　そんな門脇さんを喪《うしな》って、私たちは希望も未来も失ったような気がいたしました。ご家族におかれましては尚《なお》のことでしょう。しかし、そういう私たちを許してはくれないでしょう。なに、意気消沈《いきしょうちん》してるのか、と不甲斐《ふがい》なく思うに違いありません。

　ですから、②私たちも勇気を出して、悲しみに立ち向かい、門脇さんの希望と未来を引き継いでいきましょう。どうぞ、ご家族の皆様もそうしていただけたらと願っております。実は先ほど、門脇さんの息子さん、吾郎君にお目にかかってびっくりいたしました。一五歳とのことですが、門脇さんの第一印象にそっくりだったからです。きっと吾郎君も父上の希望と未来を担《にな》ってくれるでしょう。

　ですから、門脇さん、今はどうか安らかにお休みください。

ここをチェック！

①故人を失ったことがどれほど多くの人たちに悲しみを与え、どれほど大きな損失であるかを述べます。それが、故人への哀悼《あいとう》の念の表明にも、残された者への慰《なぐさ》めにもなります。

②遺族と一緒に故人の遺志を引き継いでいく決意を示すことで、ともすれば暗くなりがちな葬儀を、意義深いものにすることができます。

話し手 同僚（男性）

一般葬での弔辞②【同僚の葬儀】

▼人との信頼関係を大切にした同僚を偲《しの》ぶ▲

2分

始めの言葉

伊吹君の御霊前に、謹《つつし》んで哀悼《あいとう》の意を捧《ささ》げます。

伊吹君、君が愛してやまなかった山で、命を落とすことになろうとは思ってもみませんでした。山登り歴一五年、用心深く冷静だった君が、と今でも信じられず、悪い夢の続きを見ているようです。

故人の業績と人柄

伊吹君と私は同期入社で、同じ営業部に配属されたことから、公私にわたり親しくお付き合いさせていただきました。その中で、君はよく山の話をしましたね。特に、山ではお互いの信頼関係がいかに大事かということを。その哲学は、仕事や私たちとの付き合いでも遺憾《いかん》なく発揮《はっき》されていたように思います。相手を信頼し、相手の信頼も裏切ることのなかった君は、それゆえにお客様からも私たち仲間からも「伊吹さんなら安心」「伊吹君なら間違いない」と、絶大な信頼を受けていました。そんな君に、どれほど助けられ、どれほど慰《なぐさ》められたことでしょう。

哀悼の言葉と結び

①伊吹君、君と別れなければならないのは本当に辛《つら》く悲しいことですが、私たちは君が残してくれた遺産、人と人とが信じ合うことのすばらしさを心の糧《かて》にして生きていきたいと思います。

伊吹君、どうか今は安心して、永久《とわ》の眠りにおつきください。

一般葬の弔辞の組み立て

始めの言葉 ＜ 業績と人柄 ＜ 哀悼の言葉 ＜ 結びの言葉

- **始めの言葉**　故人に呼びかけ、悲報に対する驚きを伝える。
- **業績と人柄**　故人の生前の業績や人柄を述べる。
- **哀悼の言葉**　故人への哀惜《あいせき》の念や遺志を継ぐ決意を述べる。
- **結びの言葉**　故人の冥福《めいふく》を祈り、別れの言葉を述べる。

ここがポイント

同僚の死というのは年齢も近いため、深い驚きと悲しみを伴うものです。それを素直に表すようにするだけでも、気持ちのこもった挨拶になります。

病死、事故死に限らず、死因についてはリアルな説明は避けましょう。

ここをチェック！

故人のいちばんすばらしいところを取り上げ、それを受け継いでいくことを述べると、何よりの供養《くよう》になり、印象深い挨拶になります。

話し手
部下（女性）

一般葬での弔辞③【上司の葬儀】

▼上司の仕事と精神を引き継ぐことを霊前に誓う▲

2分

始めの言葉

　故白藤葵編集長の御霊前に、謹《つつし》んでお別れのご挨拶《あいさつ》を申し上げます。
　編集長は一週間前、フランスに出張中、突然倒れられ、不帰《ふき》の客となってしまわれました。海を越えての訃報《ふほう》に、編集部員一同、きっと何かの間違いだろうと念じておりましたが、事実と知るにいたり、大きな落胆《らくたん》と深い悲しみが部屋を包んだことを覚えております。

故人の業績と人柄

　白藤編集長は、入社以来、女性雑誌の編集に携《たずさ》わられ、抜群の企画力とセンスで若くして編集長の重責を担《にな》われるようになりました。いくつもの女性雑誌の創刊にも立ち会われ、名編集者として、出版業界では知らぬ者のない存在でございました。それほどの立場でありながら、「私、現場が大好きなの」と、自らも一記者として率先して働かれました。私たちは皆、白藤編集長の仕事ぶりを実際に見ながら育ったものです。そんな編集長の周りにはいつも人が集まり、いろいろな話が飛び交《か》い、そこから新しい企画が湧《わ》いてくるという楽しく創造的な空間でした。

結びの言葉

　白藤編集長なくして、そのような空間を再びつくりだすことができるでしょうか。それは私たちに残された、これからの大きな課題だと思っております。どうぞ、そんな私たちを天からお見守り、お導きください。

ここがポイント

　部下として、仕事上、世話になったことや影響を受けた点などを述べ、敬愛の念を示すようにしましょう。上司の言葉やエピソードを紹介すると、印象深い挨拶になります。
　また、その仕事や遺志を受け継いでいくことを誓うことで供養《くよう》するとよいでしょう。

メモ

宗教上の慣用句の違い
仏教…「冥福《めいふく》を祈る」など。
キリスト教…「神の御許《みもと》に召される」「天に召される」など。
神道…「祖霊の許《もと》へ帰る」「御霊《みたま》になる」など。
〈表書きの違い〉
仏教：御香典料。御香料。
キリスト教：御花料。
神道：御玉串料。御神饌料。

話し手
会社代表（男性）

追悼会での挨拶①【主催者】

▼今に生きる前社長の存在の大きさを語る▲

2分

始めの言葉	故人の業績と人柄	結びの言葉

皆様にはお忙しいところ、今年も○○株式会社の前社長、三枝博和の追《つい》悼会《とうかい》にお集まりいただきまして、まことにありがとうございます。遺族ならびに会社を代表いたしまして、一言ご挨拶《あいさつ》を申し上げます。

①ご存じのように、前社長は強いリーダーシップとカリスマ性をもった社長でしたので、亡きあとどうなるかと思いましたが、五年を経まして会社も躍進を続けており、前社長に報《むく》いることができて本当によかったと思っております。これも偏《ひとえ》に新社長をはじめとして社員が一丸《いちがん》となり、前社長の遺志を継いで頑張ってまいった結果でございます。

当社はアイディア力で知られる会社でございますが、これも前社長が「アイディアの値打ちは、それを活用することにある」というエジソンの言葉を座右《ざゆう》の銘に、これぞと思われた社員のアイディアを積極的に汲《く》み上げたからでございます。こうして数々の新しいアイディアが新しい製品やノウハウとして次々と実用化され、当社発展の原動力となっておりました。②これは現在も、当社の社風として脈々と受け継がれております。

前社長はエピソードに事欠かない方でした。本日は、前社長を偲《しの》び、生前の思い出をご自由に語っていただきたいと存じます。

追悼会の挨拶の組み立て

始めの言葉
誰《だれ》の追悼会かを報告し、参加へのお礼を述べる。

＜

業績と人柄
故人の遺訓や功績を偲び、影響力を述べる。

＜

結びの言葉
参加者を語らいへ誘《いざな》い、挨拶を結ぶ。

ここがポイント

追悼会の挨拶は、感情が高ぶりがちな告別式の挨拶とは自《おの》ずと異なります。しみじみと落ち着いた挨拶を心がけましょう。

人柄をよく表すエピソードなどを取り上げ、いずれにしても暗くならないようにします。

ここをチェック！

①前社長亡きあとも社業は順調であることを報告し、関係者に安心してもらいましょう。

②この言葉で、故人を称《たた》え、その存在の大きさを伝えることができます。

話し手
招待客（男性）

追悼会での挨拶②【来賓】

▼影響を受けた故人の人柄を語る▲

2分

始めの言葉	故人の業績と人柄	結びの言葉

本日は、前会長、木暮倫太郎氏の追悼会《ついとうかい》にお招きいただき、ありがとうございます。△△社の代表取締役を務《つと》めます南部と申します。僭越《せんえつ》ではございますが、来賓《らいひん》を代表いたしまして、ご挨拶《あいさつ》させていただきます。

★仕事上、会社同士のお付き合いが深かった関係で、木暮前会長にはよくお目にかからせていただきました。特に、ゴルフではよくご一緒にラウンドさせていただきましたが、途中が悪くても最後まであきらめずに頑張られ、その結果、勝利を物にされるというプレーでした。「いつも最後にやられてしまいますね」と申し上げると、「頑張れば頑張るほど、ツキはまわってくる」というゲーリー・プレイヤーの言葉を好んで口にされ、「仕事でも同じなんですよ」とよくおっしゃっていました。そうした前会長の姿勢が会社をここまで大きく育てる原動力となり、社員の敬愛を一心に集めることになられたのでしょう。

かく申す私自身も前会長の影響を強く受けたひとりでして、最近は「前会長のゴルフに似てきたね」といわれるようになったしだいです。

これからも折りに触れ、前会長のことを懐《なつ》かしく思い出すことでしょう。改めて、ご冥福《めいふく》をお祈り申し上げ、ご挨拶に代えさせていただきます。

ここがポイント

追悼会では、年月を経るにつれ、悲しみや喪失感が癒《い》え、思い出を率直に語ることができるようになるものです。

来賓の挨拶は、仕事や日ごろの付き合いを通じて感じた故人の人間的魅力を故人の言葉や具体的なエピソードをあげて語ると、心に響くものになります。

★バリエーション

私と折口君はお互いの会社の担当者同士として付き合いが始まりましたが、なぜか気持ちが通じ合って個人的なお付き合いに発展いたしました。二人とも旅行好きで海外によくご一緒しましたが、折口君の旅行前の下調べは徹底しており、お陰でいつも楽しく貴重な体験をさせていただきました。それは仕事面にも通じており、仕事を常に成功に導く要素となっていたように思います。

お悔やみの言葉

組織にとって重要な人や愛すべき仲間を失ったとき、どんな言葉も虚《むな》しいものですが、やはり言葉にして哀悼《あいとう》の気持ちを伝えることは大切です。しかし、弔問《ちょうもん》の場で長々とした思い出話などは、かえって悲しみをつのらせ、ほかの弔問客にも迷惑をかけます。短く簡潔に心を込めて言葉をかけましょう。

▼社長を亡くした取引先に対して

●この度はまことにご愁傷《しゅうしょう》さまでございます。突然のことでしたので、大変驚きました。社員の皆さんも大きな存在を喪《うしな》われて、さぞお力落としのことと存じます。○○様のご冥福《めいふく》を心よりお祈り申し上げます。

●この度の○○様のご逝去《せいきょ》、心よりお悔《く》やみ申し上げます。これからも業界のリーダーとしてご活躍が期待されていましただけに、まことに残念でございました。今はただ○○様のご冥福《めいふく》をお祈りするばかりでございます。

▼社員を亡くした取引先に対して

●この度は、心よりお悔《く》やみ申し上げます。○○様とは長いお付き合いでしたので、私どもも残念でなりません。前にお見舞いに伺《うかが》いましたときも、仕事のお話ばかりで……。やる気も能力もおありの方でしたから、皆様、さぞ落胆《らくたん》なさったことでしょう。

●突然のお知らせで、本当に驚いております。相手の不注意による事故とのことで、そんなことがあってよいものかとお慰《なぐさ》めする言葉も見つかりません。まだ若く前途有為《ゆうい》な社員を亡くされて、無念さは計り知れないものがおありでしょう。ご愁傷《しゅうしょう》さまです。

▼亡くなった社員の遺族に対して

●この度は心よりお悔《く》やみ申し上げます。仕事では信頼され、人望も篤《あつ》い方でしたので、私どもも口惜《くや》しい気持ちでいっぱいでございます。ご家族におかれましてはなおさらのことと拝察いたします。しかし、こうして息子さんがご立派に成長されていることがせめてもの慰《なぐさ》めかと……。どうぞ、お気を強くもたれますように。

▼家族を亡くした社員に対して

●この度のご不幸、まことにご愁傷《しゅうしょう》さまでです。仕事で忙しいところ、よく看病されていたと伺《うかが》っています。きっと父上も感謝され、よい息子をもったと誇《ほこ》りに思われたことでしょう。どうか、残された母上をいたわってあげてください。仕事のことは心配しないで、落ち着いたら、また元気に出社してください。

災害見舞い・病気見舞いの言葉

▼災害見舞いの場合

災害見舞いでは、取り込んでいる現場に駆けつけることになるので、見舞いの言葉は短くし、早く協力態勢に入るようにしましょう。

●全員無事の場合…この度の台風では、甚大《じんだい》な被害を受けられたと伺《うかが》い、取り急ぎ駆けつけました。しかし、全員ご無事とのことで一《ひと》安心いたしました。できることはお手伝いいたしますので、何なりとお申し付けください。

●死傷者が出た場合…この度の工場火災では、大変ご不幸なことになられまして、何とお慰《なぐさ》めしたらよいのか、言葉もございません。とりあえず、協力できることは何でもいたしますので、ご遠慮なく、おっしゃってください。

●電話での見舞い…先ほど、テレビニュースを見ていてびっくりいたしました。震度5とかだそうですが、電話もしばらくつながりませんでしたので、案じておりました。建物も皆様もご無事なようで、不幸中の幸いでございます。改めてお見舞いに伺《うかが》わせていただきますが、皆様、どうぞご無理をなさいませんように。

▼病気見舞いの場合

病気見舞いでは、病人に負担をかけないよう短めに、安心させ励《はげ》ますような言葉をかけます。病状などについてはあれこれ尋《たず》ねないようにしましょう。

●取引先社員を見舞う…御社《おんしゃ》の方から入院なさったとお聞きし、早速《さっそく》お見舞いに伺《うかが》いました。ふだんお元気な方が、とびっくりいたしましたが、お顔色もよろしいようで、とりあえずホッといたしました。ここはじっくりと治療に専念していただき、前以上のお元気な姿にお目にかかりたいものと思っております。お大事になさってください。

●上司を見舞う…部長、ご無沙汰《ぶさた》いたしました。この前伺《うかが》ったときはベッドに横になられたままでしたが、今日はベッドがもぬけの殻《から》になっていたので驚きました。皆にもよい報告ができそうで、うれしいですね。部長には、一日も早い復帰を皆心待ちにしてはおりますが、ご無理なさらずに、ゆっくりご養生《ようじょう》され、完全に回復してから出社なさってください。

●部下を見舞う…加減《かげん》はどう？　思ったより元気そうで、徐々《じょじょ》に本来の君に戻っているようだね。よかった、よかった。そろそろ退屈になっているころだと思って、君が好きな○○シリーズの新作を持ってきたよ。ただし、根《こん》を詰めて読まないように。この機会にのんびりと養生《ようじょう》して英気を養ってね。

敬語と言葉づかい

心のこもったスピーチをするためには、敬語を正しく使うことが大切です。間違った使い方をすると、かえって失礼になることがあります。

敬語には、大きく分けて、尊敬語、謙譲語、丁寧《ていねい》語があります。話し手である自分と、相手、その場にいる第三者との関係をよくつかんで使い分けることが必要です。よく使われるパターンをあげてみましょう。

尊敬語

相手や第三者を敬《うやま》う表現で、相手の動作や物に対して使われます。

①相手の動作を示す語に、「れる」「られる」をつける

「読まれます」「行かれます」「お話しになられます」など。

②相手の動作を示す語に、「お」「ご」をつける

「お話しくださいます」「お発《た》ちになります」「ご存じです」「ご出席なさいます」など。

これは、①の「れる」「られる」よりもさらに高い敬意を表します。

③相手に関する事柄や物に、「お」「ご」をつける

「お友達」「お元気」「お忙しい」「お手紙」「ご意見」「ご在宅」「ご諒承《りょうしょう》」など。

④相手に関する事柄や物に、「高」「尊」「芳」「貴」「玉」をつける

「ご高説」「ご尊名」「ご芳名《ほうめい》」「貴店」「玉稿《ぎょくこう》」など。

普通は、「ご高説」のように、さらに「ご」をつける場合が多いです。

⑤特別な言葉に言い換える

「いる」→「いらっしゃいます」
「来る」→「お見えになります」
「言う」→「おっしゃいます」
「見る」→「ご覧になります」

これは、特に高い敬意を表す言い方になります。

謙譲語

自分側をへりくだることによって、相手に敬意を示す表現です。

①自分の動作を示す語に、「お」「ご」をつける

「お知らせします」「お持ちします」「ご報告します」「ご案内いたします」など。

②自分の動作を示す言葉に、「拝」「御」をつける

「拝見します」「拝聴いたします」「拝借いたします」「御礼申し上げます」など。

③自分に関する事柄や物に、「お」「ご」をつける
「お電話をさしあげます」「ご挨拶《あいさつ》いたします」など。

④自分に関する事柄や物に、「愚」「粗」「拙」「小」をつける
「愚見」「拙宅《せったく》」「粗品《そしな》」「粗肴《そこう》」「小社」など。

⑤特別な言葉に言い換える
「言う」→「申します」
「思う」→「存じます」
「もらう」→「いただきます」
「行く」→「参ります」

■丁寧語

丁寧な言葉づかいで、相手に敬意を示す表現です。特に、相手に高い尊敬の念を表す効果はありませんが、日常生活、なかでもビジネスの場では、相手との会話をスムーズに進めるために基本となるものです。

①文末に、「です」「ます」「ございます」をつける
「そのとおりです」「…と思います」「感無量《かんむりょう》でございます」など。

②相手に関する事柄や物に、「お」「ご」をつける
「お仕事のほうは…」「ご安心ください」など。ただし、「お」「ご」は使いすぎると、嫌味《いやみ》に聞こえることもあるので注意しましょう。

丁寧語の例（文末）

普通の言い方	改まった言い方
そうです	さようでございます
あります	ございます
わかりました	かしこまりました
できません	いたしかねます
どうですか	いかがでございますか
いいですか	よろしいでしょうか
伝えます	申し伝えておきます
聞いています	承《うけたまわ》っております
すみませんが	おそれいりますが

尊敬語と謙譲語の例（動作を表す言葉）

	尊敬語	謙譲語
言う	おっしゃる	申す／申し上げる
行く	おいでになる／いらっしゃる	伺《うかが》う／参る／上がる
来る	おいでになる／見える／お越しになる	伺う／参る／上がる
いる	おいでになる／いらっしゃる	おる
思う	おぼしめす／お思いになる	存じる
見る	ご覧になる	拝見する
聞く	お聞きになる	伺う／承《うけたまわ》る／拝聴する
着る	お召しになる	身につける
する	なさる	いたす
もらう	おもらいになる／お納めになる	頂戴《ちょうだい》する／いただく
食べる	上がる／召し上がる／お食べになる	頂戴する／いただく
尋ねる	お尋《たず》ねになる	伺う

ビジネス電話の基本マナー

取引先や顧客《こきゃく》と電話で話すときは、相手に不快感や誤解を与えず、効率的に会話が進むように、次のようなマナーを心がけましょう。

電話のかけ方

①メモを用意する

特に相手に伝える事柄が多い場合は、メモや必要な資料を用意して話します。伝えるべき内容は箇条書きにして、遺漏《いろう》のないようにします。

相手のあることですから、いくら自信があっても言い忘れることがあるものです。数字を伴い内容が複雑な場合は、メモ書きは必須条件です。

②社名と姓を名のり、都合を聞く

電話するときは、まず最初に「おはようございます、私、○○商事の○○と申します。○○課の○○さん、いらっしゃいますか」と自分の姓を名のり、相手を確認します。受付や交換台が取り次いでいる場合は、都合を聞いてもらいます。

多忙な相手であれば、前もって電話してよい時間帯を確認しておきましょう。

③言葉づかいのマナーを守る

電話は、受ける側にとっては、突然の闖入者《さんにゅうしゃ》です。初めての相手の場合とか、約束を入れていない場合や、緊急の用件でなければ、「お忙しいところ、おそれいります」といった言葉を心がけたいものです。

長話になりそうなときは、「少々、お時間よろしいでしょうか」と、相手の諒承《りょうしょう》を求めましょう。

電話を切るときは、「それでは失礼します」「お忙しいところ、ありがとうございました」「よろしくお伝えください」などと言って受話器を置きます。

④簡潔に話す

内容にもよりますが、余計な社交辞令や無駄話《むだばなし》などは抜きにして、簡潔で的確な話を心がけ、短時間で用件をすませるようにします。ビジネスでは守りたいマナーです。

⑤ことづけを頼む場合

目的の相手が不在で伝言を頼みたいときは、なるべく短く要点を述べます。その際、「失礼ですが、どちら様でしょうか」と伝言者の名前を聞いておきます。

留守番電話に伝言を入れる場合は、相手が聞き違えることのないように、ゆっくりと、要領よくまとめて話しましょう。

電話の受け方

①まず名のり、相手を確認する

ベルが鳴ったら、すぐ出ます。まず「はい、○○社でございます」と名のり、相手が名のったら「お世話様です」と受けるのが定番です。名のってくれない相手には、「失礼ですが、どちら様でしょうか」と確認します。用があって電話に出るのが遅れたら、「お待たせしました」と詫《わ》びるのがマナーです。

なお、始めに個人名を言う必要はありませんが、交換台を通して指名された場合は、「○○課の○○です」と名のります。

②取り次ぐときは

ほかの社員への電話だったら、「○○課の○○ですね。少々お待ちください」と言ってから、電話を回します。回されたほうは、「お待たせいたしました」「お電話代わりました」と一言言ってから、挨拶《あいさつ》に入ります。

最後は、「失礼いたします」「ありがとうございました」と挨拶し、少し間をおくか、相手が電話を切ったあとで受話器を置きます。

③伝言を頼まれたとき

相手の名前、用件、受けた時間などをメモします。念のため復誦《ふくしょう》させていただきます。「承《うけたまわ》りました。私は○○課の○○と申します」と、伝言内容を確認し、取り次ぎの責任の所在を明らかにしておきます。

④相手の声が聞きとりにくいとき

電話の声がよく聞きとれないときは、「おそれいりますが、少々電話が遠いようですので、もう一度おっしゃっていただけませんか」と丁寧《ていねい》に聞き直します。特に、人名、社名など聞き違えのないように確認しないと、相手にも失礼になります。

困ったときの電話対処法

●間違い電話には

「失礼ですが、何番へおかけでしょうか」「こちらは○○番ですが、何番におかけですか」と、なるべく丁寧に応対しましょう。

ぞんざいな口調の相手に対しても落ち着いて対応します。

●長電話を切りたいときは

「申し訳ありませんが、これから出かけるところなので」「どなたか見えたようなので、改めてお電話します」などと断ります。

●いたずら電話には

いたずら電話とわかったら、「仕事中ですので、失礼します」と電話を切ります。相手はこちらの反応を楽しみにしてかけてくるのですから、下手《へた》に応対するとつけこまれます。

スピーチに使える名言・名句

会社行事

◆一日生きることは、一歩進むことでありたい。（物理学者、湯川秀樹）

◆老いた心をもった若者と、若い心をもった老人は好ましい。（政治家、キケロ）

◆彼を知り己《おのれ》を知れば百戦殆《あや》うからず。（兵法家、孫子）

◆義務を果たすことで満足してはいけない。（実業家、カーネギー）

◆逆境が人格を作る。（作家、トルストイ）

◆決して誤ることのないのは、何事もなさない者ばかりである。（作家、ロマン・ロラン）

◆仕事を追え、仕事に追われるな。（政治家、フランクリン）

◆事を遂げる者は愚直でなければならぬ。才走ってはうまくいかない。（政治家、勝海舟）

◆この道より、我を生かす道なし、この道を歩く。（作家、武者小路実篤）

◆心を込めて仕事をしなさい。そうすればあなたは必ず成功する。なぜなら、そういう人はほとんどいないからだ。（教育家、エルバート・ハバード）

◆仕事をする喜びを知る秘訣《ひけつ》は、たったひとつのステキな言葉で言い表すことができる。それは楽しみながらやれるようになることだ。（作家、パール・バック）

◆自分自身を信頼すれば、他の多くの事柄に対する信頼が生まれる。（文学者、ラ・ロシュフコー）

◆精神は鍛錬なしには堕落《だらく》する。（芸術家、ダ・ヴィンチ）

◆自分に打ち勝つことは、勝利のうちの最大のものである。（哲学者、プラトン）

◆人生に関する知識だけは誰《だれ》にも与えることができない。自分で歩き、自分で処理して行かねばならぬものが人生というものである。（作家、井上靖）

◆人生は道路のようなものだ。いちばんの近道は普通いちばんの悪い道だ。（哲学者、ベーコン）

◆すべての大偉業は、最初は不可能事だといわれた。（評論家、カーライル）

◆想像力は知識より重要だ。（物理学者、アインシュタイン）

◆その日その日を最高の日にしよう。（思想家、エマーソン）

◆たやすい仕事は思慮深く、むずかしい仕事はたやすいつもりで臨め。（僧侶、学者、バルタザール・グラシアン）

◆百人中百人に褒《ほ》められるような人間は、ろくな奴《やつ》ではない。（戦国大名、毛利元就）

◆どんなことでも、これでいいと思ってはいけない。（哲学者、ラッセル）

◆人間、志《こころざし》を立てるのに遅すぎるということはない。（政治家、ボールドウィン）

◆人間の運命は人間の手中にある。（作家、サルトル）

◆人間は、努力する限り迷うものだ。（作家、哲学者、ゲーテ）

◆人間はな、人生というトイシで、ごしごしこすられなくちゃ、光るようにはならないんだ。（作家、山本有三）

◆不成功の九九％は、言い訳ばかりをする習慣をもつ人から生まれてくる。（農学者、カーヴァー）

◆無知であることを自覚するのは、知識向上の大きな段階である。（政治家、ディズレーリ）

◆最も大きな危険は、勝利の瞬間にある。（皇帝、ナポレオン一世）

◆行き詰まりは展開の一歩である。（作家、吉川英治）

結婚式

◆愛情にはひとつの法則しかない。それは愛する人を幸福にすることだ。（作家、スタンダール）

◆相手の愛情に感謝する気持ちがなかったら、百遍結婚したところで、人は幸福になれない。（作家、野上弥生子）

◆愛とは、互いに見つめ合うことではなく、二人が同じ方向を見つめることである。（作家、サン・テグジュペリ）

◆美しい笑いは、家の中の太陽である。（作家、サッカレー）

◆一生の間に一人の人間でも幸福にすることが出来れば自分の幸福なのだ。（作家、川端康成）

◆家庭を快適に保てないで、天下を治めることはできない。（実業家、ヘンリー・フォード）

◆結婚とは、全精神を注ぎ込まねばならないものだ。（劇作家、イプセン）

◆結婚ーどんな羅針盤《らしんばん》も航路を発見したことがない荒海。（詩人、ハイネ）

◆結婚には多くの苦痛があるが、独身生活には喜びがない。（作家、サミュエル・ジョンソン）

◆結婚の理想は、たがいに相手を束縛することなしに、しかも緊密に結びついていることだ。（作家、石川達三）

◆結婚前には両目を大きく開いて見よ。結婚してからは片目を閉じよ。（神学者、トーマス・フラー）

◆他人の好みに合う妻でなく自分自身に合う妻を求めよ。（思想家、ルソー）

◆人間は自分の欲しいと思うものを求めて世間を歩き回り、そして家庭に帰ったときにそれを見いだす。（作家、ジョージ・ムーア）

◆夫婦間の愛情というものはお互いがすっかり鼻についてから、やっと湧《わ》き出してくるものだ。（作家、ワイルド）

◆夫婦生活は長い会話である。（哲学者、ニーチェ）

ブックデザイン……岡本洋平

本文デザイン………上田ジュンコ

企画・編集・文……パイデイア

DTP…………………昭和ブライト

イラスト……………長岡伸行

編集…………………伊藤礼子（小学館）

ビジネスのスピーチと挨拶

2007年3月20日　初版第1刷発行

発行者　田中修
発行所　株式会社小学館
〒101-8001　東京都千代田区一ツ橋2-3-1
編集：TEL 03-3230-5123　販売：TEL 03-5281-3555
印刷所　共同印刷株式会社
製本所　株式会社難波製本

 ISBN978-4-09-310093-9